AF368042

COMITÉ

DES

TRAVAUX HISTORIQUES ET SCIENTIFIQUES

MISSIONS, BIBLIOTHÈQUES

ET ARCHIVES

COMITÉ

DES

TRAVAUX HISTORIQUES ET SCIENTIFIQUES

MISSIONS, BIBLIOTHÈQUES, ARCHIVES

BIBLIOGRAPHIE DE LEURS PUBLICATIONS

AU 31 DÉCEMBRE 1897

PARIS

IMPRIMERIE NATIONALE

M DCCC XCVIII

AVERTISSEMENT.

La Direction du Secrétariat et de la Comptabilité au Ministère de l'Instruction publique, qui, en 1881, avait remplacé l'ancienne Direction des Sciences et Lettres et celle de la Comptabilité, avait dans ses attributions le Comité des Travaux historiques et scientifiques, les Missions, les Bibliothèques et les Archives. Un décret du 23 février 1897 en a détaché les Archives pour les constituer en Direction spéciale; un autre, du 26 novembre de la même année, a rattaché le Comité des Travaux historiques et scientifiques, les Missions et les Bibliothèques à la Direction de l'Enseignement supérieur, la Comptabilité formant une Division autonome.

Au moment où se dispersaient les services du Secrétariat et de la Comptabilité, dont les origines remontent à la constitution même du Ministère de l'Instruction publique, il a semblé utile de dresser une bibliographie des publications afférentes à quelques-uns d'entre eux, pendant la période où ils étaient réunis. A l'égard des Bibliothèques et des Archives, on a cru devoir remonter plus loin dans le passé, de manière à présenter l'ensemble de leurs ressources bibliographiques actuelles.

I

COMITÉ DES TRAVAUX HISTORIQUES ET SCIENTIFIQUES.

Le *Comité des travaux historiques et scientifiques* a été créé le 18 juillet 1834. Par arrêté en date de ce jour, M. Guizot réalisa le projet qu'il avait soumis au Roi dans un rapport du 31 décembre précédent, et institua près le Ministère de l'instruction publique «un Comité chargé de concourir, sous la présidence du Ministre, à la direction et à la surveillance des recherches et publications» qui devaient être faites sur les documents inédits relatifs à l'histoire de France.

L'œuvre confiée au Comité primitif concernait surtout l'histoire politique et civile. M. Guizot la compléta par arrêté du 10 janvier 1835, en formant un second Comité qui reçut mission de rechercher et de publier «les monuments inédits de la littérature, de la philosophie, des sciences et des arts considérés dans leurs rapports avec l'histoire générale de la France». Le premier Comité prit le nom de *Comité des chartes et chroniques*, le second, celui de *Comité des lettres, philosophie, sciences et arts.* Dans le dessein d'assurer à la science le concours d'un plus grand nombre de savants et d'érudits, M. de Salvandy créa cinq comités différents correspondant aux cinq classes de l'Institut, à savoir : 1° le Comité de la langue et de la littérature françaises; 2° le Comité de l'histoire positive ou des chroniques, chartes et inscriptions; 3° le Comité des sciences; 4° le Comité des arts et monuments, et 5° le Comité des sciences morales et politiques (18 décembre 1837). Le Comité des arts et monuments conserva son existence propre jusqu'en 1852. Les quatre autres furent réunis en 1840 par M. Cousin sous le nom de *Comité pour la publication des documents écrits de l'histoire de France.* Les successeurs de M. Cousin n'apportèrent que de légères modifications à cette organisation jusqu'au jour où M. Fortoul, désireux de fournir aux Comités les moyens de contrôler utilement, par des travaux distincts et une discussion commune, les documents qui intéressent la langue, l'histoire et les arts de la France, les confondit en un seul appelé *Comité de la langue, de l'histoire et des arts de la France,* et divisé en trois sections : Section de philologie, Section d'histoire et Section d'archéologie (14 septembre 1852). Cependant les sciences n'avaient plus au sein du Comité la place qui leur était due. M. Rouland répara cet oubli; il changea d'abord le titre du Comité en celui de *Comité des Travaux historiques et des Sociétés savantes*, il réunit la Section de philologie à celle d'histoire et forma une Section des sciences proprement dites. Ce règlement, daté du 22 février 1858, fixa pendant de longues années la composition et les attributions du Comité.

D'importantes modifications furent introduites dans cette organisation par M. Jules Ferry. Par un arrêté du 5 mars 1881, il donna au Comité le titre qu'il porte encore, celui de *Comité des travaux historiques et scientifiques*, et le divisa en deux sections : 1° la Section d'histoire, archéologie, philologie, etc., et 2° la Section des sciences. Mais cette nouvelle répartition des sections ayant soulevé de nombreuses réclamations, un nouvel arrêté du 12 mars 1883 constitua le Comité sur d'autres bases. Il fut divisé en cinq sections : 1° Section d'histoire et de philologie; 2° Section d'archéologie; 3° Section des sciences économiques et sociales; 4° Section des sciences mathématiques, physiques, chimiques et météorologiques; 5° Section des sciences naturelles et des sciences géographiques. Une commission centrale composée de représentants de toutes les sections fut chargée de coordonner leurs travaux et de donner au Comité ainsi divisé l'unité d'action nécessaire.

L'arrêté du 12 mars 1883 est encore en vigueur, sauf en ce qui concerne les 4° et 5° sections du Comité qui furent modifiées par arrêté du 5 août 1885 : les sciences mathématiques, physiques, chimiques et météorologiques formèrent, avec les sciences naturelles, la Section des sciences proprement dite, et la 5° section du Comité prit le nom de Section de géographie historique et descriptive. On trouvera l'histoire détaillée de toutes ces transformations dans l'ouvrage publié en 1886 par M. Xavier Charmes dans la collection des documents inédits sous le titre de : *Le Comité des Travaux historiques et scientifiques, histoire et documents*.

Plusieurs séries d'ouvrages ont été publiées par le Comité des Travaux historiques et scientifiques ou ont été éditées sous sa direction et sa surveillance; elles comprennent :

I. La *Collection des documents inédits sur l'histoire de France*, dont le premier volume a paru en 1835 et qui compte aujourd'hui quatre-vingt-dix ouvrages, formant 238 volumes. Elle devait se diviser en cinq parties : 1° histoire politique; 2° histoire des lettres et des sciences; 3° archéologie; 4° cartulaires; 5° mélanges historiques; mais ces divisions n'ont pas été suivies dans la pratique.

II. Les *Dictionnaires topographiques*, dont vingt-deux volumes ont paru de 1861 à 1897.

III. Les *Répertoires archéologiques*, dont huit volumes ont été publiés de 1861 à 1888.

IV. Les *Bulletins du Comité* et *Revues des Sociétés savantes*.

Aux *Documents inédits*, on a quelquefois rattaché le *Catalogue général des manuscrits des bibliothèques publiques de France*. Cette vaste publication a été entreprise en vertu d'une ordonnance du 3 août 1841 rendue sur le rapport de M. Villemain, qui la considérait comme «l'indispensable complément de la *Collection des documents inédits sur l'histoire de France*». Elle se divise en deux séries principales : la première comprend sept volumes in-4°, parus de 1849 à 1885. La seconde série, en cours de publication, a commencé à paraître en 1886 sous le format in-8°; elle se subdivise en deux parties : l'une, concernant les départements, compte trente-cinq volumes; l'autre, réservée à Paris (la Bibliothèque nationale exceptée), comprend seize volumes. On trouvera plus loin le détail de ces volumes dans la liste des publications du Service des bibliothèques.

I

SECTIONS D'HISTOIRE, DE PHILOLOGIE
ET D'ARCHÉOLOGIE.

—

I

COLLECTION DE DOCUMENTS INÉDITS
SUR L'HISTOIRE DE FRANCE.

—

I. Chroniques, mémoires, journaux, récits et compositions historiques.

1. Chronique des ducs de Normandie, par Benoît, trouvère anglo-normand du xii° siècle, publiée pour la première fois, d'après un manuscrit du Musée britannique, par Francisque Michel. Paris, 1836-1844, 3 vol. in-4°.

   Tome I (1836), xxviii-608 pages et fac-similés; tome II (1838), 576 pages; tome III (1844), 890 pages. — En appendice : Chanson attribuée à Benoît ; Vie de saint Thomas, archevêque de Cantorbéry ; *De monacho in flumine periclitato meritis Beate Marie ad vitam revocato ;* Chronique de la guerre entre Henri II et son fils aîné, en 1173 et 1174, composée par Jordan Fantosme.

2. L'Estoire de la guerre sainte, histoire en vers de la troisième croisade (1190-1192), par Ambroise, publiée et traduite d'après le manuscrit unique du Vatican, et accompagnée d'une introduction, d'un glossaire et d'une table des noms propres, par Gaston Paris. Paris, 1897, in-4°, xc-579 pages et fac-similé.

3. Les familles d'outre-mer de Du Cange, publiées par M. E.-G. Rey. Paris, 1869, in-4°, iv et 998 pages.

4. Histoire de la croisade contre les hérétiques albigeois, écrite en vers provençaux par un poète contemporain, traduite et annotée par M. C. Fauriel. Paris, 1837, in-8°, cxxxiv et 738 pages, fac-similé et carte.

5. Histoire de la guerre de Navarre en 1276 et 1277 [chronique rimée], par Guillaume ANELIER de Toulouse, publiée, avec une traduction, une introduction et des notes, par Francisque MICHEL. Paris, 1856, in-4°, xxxi et 787 pages.

6. Chronique de Bertrand du Guesclin, par CUVELIER, trouvère du xiv° siècle, publiée pour la première fois par E. CHARRIÈRE. Paris, 1839, 2 vol. in-4°.

> Tome I, cxxxvi et 465 pages; tome II, 616 pages. — En appendice : 24 pièces justificatives relatives à du Guesclin (1363-1378); *Libere du bon Jehan, duc de Bretaigne*, poème de Guillaume de Saint-André.

7. Chronique du religieux de Saint-Denys, contenant le règne de Charles VI, de 1380 à 1422, publiée en latin pour la première fois et traduite par M. L. BELLAGUET, précédée d'une introduction par M. DE BARANTE. Paris, 1839-1852, 6 vol. in-4°.

> Tome I (1839), xv et 751 pages; tome II (1840), 792 pages; III (1841), 776 pages; tome IV (1842), 783 pages; tome V (1844), 786 pages; tome VI (1852), 806 pages.

8. Chroniques d'Amadi et de Strambaldi, publiées par M. DE MAS LATRIE. Paris, 1891-1893, 2 vol. in-4°.

> Tome I, Chronique d'Amadi, vii-534 pages; tome II, Chronique de Strambaldi, 340 pages.

9. Mémoires de Claude HATON, contenant le récit des événements accomplis de 1553 à 1582, principalement dans la Champagne et la Brie, publiés par M. Félix BOURQUELOT. Paris, 1857, 2 vol. in-4°, lxxii et 1195 pages.

10. Journal d'Olivier LEFÈVRE D'ORMESSON et extraits des mémoires d'André Lefèvre d'Ormesson [1643-1672], publié par M. CHÉRUEL. Paris, 1860-1861, 2 vol. in-4°.

> Tome I, iv, xv et 860 pages; tome II, cxli et 984 pages. — En appendice : Projet de traité entre Louis XIV et Thomas de Savoie (1646); intrigues dans la maison de Gaston d'Orléans (1643); complot de gentilshommes du duc de Vendôme à Anet (1645); journal de la campagne d'Orbitello (1646); rôle de Chavigny pendant la Fronde; avis d'Olivier Lefèvre d'Ormesson dans le procès de Fouquet; mort de Madame, etc.

11. Mémoires de Nicolas-Joseph FOUCAULT [1641-1718], publiés et annotés par F. BAUDRY. Paris, 1862, in-4°, clxxvii et 590 pages.

> En appendice : Dépêches de Colbert, de Louvois et de Foucault.

II. Cartulaires et recueils de chartes.

12. Cartulaire de l'abbaye de Saint-Père de Chartres, publié par
M. Guérard. Paris, 1840, 1 tome en 2 vol. in-4°.

Volume I, ccclxx pages et pages 1 à 254; volume II, pages 257 à 849.
Cet ouvrage devait former les tomes I et II de la *Collection des cartulaires
de France.* — En appendice à la préface du premier volume : Pouillé du
diocèse de Chartres au xiii° siècle.

13. Cartulaire de l'abbaye de Saint-Bertin, publié par M. Guérard.
Paris, 1840, in-4°, c et 487 pages.

Cet ouvrage devait former le tome III de la *Collection des cartulaires de
France.* — En appendice : Cartulaire de la Trinité de Rouen, par A. Deville.

14. Appendice au cartulaire de l'abbaye de Saint-Bertin, publié par
M. François Morand. Paris, 1867, in-4°, xx et 115 pages.

15. Cartulaire de l'église Notre-Dame de Paris, publié par M. Guérard, avec la collaboration de MM. Géraud, Marion et De-
loye. Paris, 1850, 4 vol. in-4°.

Tome I, ccxxxviii et 470 pages; tome II, 546 pages; tome III, 552 pages;
tome IV, 492 pages. — Cet ouvrage devait former les tomes IV à VII de la
Collection des cartulaires de France. — Le tome IV renferme l'obituaire de
Notre-Dame.

16. Cartulaire de l'abbaye de Saint-Victor de Marseille, publié par
M. Guérard, avec la collaboration de MM. Marion et Delisle.
Paris, 1857, 2 vol. in-4°.

Tome I, cxlvi-615 pages et fac-similé; tome II, 945 pages. — Cet ouvrage devait former les tomes VIII et IX de la *Collection des cartulaires de
France.* — En appendice à la préface : Tarif des péages du comté de Provence au milieu du xiii° siècle. — En appendice au tome II : Polyptyque de
Vuadalde.

17. Cartulaire de l'abbaye de Redon en Bretagne, publié par M. Au-
rélien de Courson. Paris, 1863, in-4°, xii-cccxcv et 761 pages,
planche, fac-similé et carte.

Dans les éclaircissements : Pouillés des évêchés de Rennes (1516) et de
Vannes; extraits du cartulaire de Saint-Georges de Rennes, etc. — En
appendice : Chartes et bulles diverses (ix°-xiv° s.); extraits des archives de
l'abbaye (1288-1541); annales du monastère de Saint-Sauveur de Redon;
pouillés des diocèses de Rennes, de Saint-Malo, de Vannes, de Nantes, de
Cornouaille, de Dol, de Tréguier, de Saint-Brieuc et de Léon (xvi°-xvii° s.).

18. Recueil de chartes de l'abbaye de Cluny, formé par Auguste BERNARD, complété, revisé et publié par Alexandre BRUEL. Paris, 1876-1894, 5 vol. in-4°.

> Tome I (1876), LII-847 pages, 2 planches et 3 fac-similés; tome II (1880), 760 pages; tome III (1884), 824 pages; tome IV (1888), 831 pages; tome IV (1894), 848 pages. — Cet ouvrage est en cours de publication; les cinq volumes parus comprennent des documents de 840 à 1210.

19. Cartulaires de l'église cathédrale de Grenoble, dits *Cartulaires de saint Hugues*, publiés par M. Jules MARION. Paris, 1869, in-4°, XCI et 559 pages, 2 fac-similés.

> A la suite: Chartes supplémentaires (890-1147); bénéfices du diocèse de Grenoble (XIVᵉ s.); pouillés (XIVᵉ et XVᵉ s.); liste des évêques de Grenoble.

20. Cartulaire de Savigny, suivi du petit cartulaire de l'abbaye d'Ainay, publiés par Aug. BERNARD. Paris, 1853, 1 tome en 2 vol. in-4°.

> Première partie : Cartulaire de Savigny, CXX pages et pages 1 à 549; deuxième partie : cartulaire d'Ainay, VI pages et pages 551 à 1169 et table. — Appendice : Pouillés du diocèse de Lyon (XIIIᵉ-XVIIIᵉ s.), du diocèse de Mâcon (XVIᵉ s.), du diocèse d'Autun (XIᵉ s.); droits de cire et d'encens dus à l'église de Lyon (XVIᵉ s.); droits de cens, de parée, etc., dus à l'archiprêtré de Jarez (XVᵉ s.); subdivisions territoriales des diocèses de Lyon et de Mâcon aux IXᵉ, Xᵉ et XIᵉ siècles.

21. Cartulaire de l'abbaye de Beaulieu (en Limousin), publié par M. Maximin DELOCHE. Paris, 1859, in-4°, CCCIX-391 pages et carte.

22. Archives de l'Hôtel-Dieu de Paris (1157-1300), publiées par Léon BRIÈLE, avec notice, appendice et table par Ernest COYECQUE. Paris, 1894, in-4°, LXI et 633 pages.

23. Privilèges accordés à la couronne de France par le Saint-Siège [1224-1622], publiés d'après les originaux conservés aux Archives de l'Empire et à la Bibliothèque impériale [par MM. Ad. et J. TARDIF]. Paris, 1855, in-4°, XXIII et 411 pages.

> En appendice : Inventaire de bulles et rubriques contenant les privilèges perpétuels accordés par les papes aux rois de France.

24. Recueil des monuments inédits de l'histoire du Tiers État. Première série : Chartes, coutumes, actes municipaux, statuts des corporations d'arts et métiers des villes et communes de

France. Région du Nord, par Augustin Thierry. Paris, 1850-1870, 4 vol in-4°.

> Tome I, Pièces relatives à l'histoire de la ville d'Amiens depuis 1057 jusqu'au xv° siècle (1850), viii-cclxx et 911 pages, planches; tome II, Pièces relatives à l'histoire de la ville d'Amiens du xv° au xvii° siècle (1853), ii-lxxv et 1,144 pages; tome III, Pièces relatives à l'histoire de la ville d'Amiens, du xvii° siècle à 1789, et à celle des villes, bourgs et villages de l'Amiénois (1856), xxxii et 698 pages; tome IV, Pièces relatives à l'histoire d'Abbeville et à celle des villes, bourgs et villages de la Basse-Picardie (1870), viii et 885 pages.

25. Archives administratives de la ville de Reims; collection de pièces inédites pouvant servir à l'histoire des institutions dans l'intérieur de la cité [iv°-xiv° siècle], par Pierre Varin. Paris, 1839-1848, 3 vol. in-4°.

> Tome I (1839), cclxxx et 1,128 pages; tome II (1843), 1,249 pages; tome III (1848), 910 pages.

26. Archives législatives de la ville de Reims; collection de pièces inédites pouvant servir à l'histoire des institutions dans l'intérieur de la cité, par Pierre Varin. Paris, 1840-1852, 4 vol. in-4°.

> Première partie : Coutumes (xiii°-xvi° s.) [1840], 1,067 pages. — Seconde partie : Statuts; tome I (1844), xxiii et 1,000 pages; tome II (1847), 1,050 pages; tome III (1852), 759 pages.
>
> En tête du tome I : Appendice aux Coutumes. — Le titre du tome III des Statuts est erroné; il est ainsi conçu : *Archives législatives; collection de pièces inédites pour servir à l'histoire intérieure de la cité,* t. IV.

27. Archives administratives et législatives de la ville de Reims. Table générale des matières, par L. Amiel. Paris, 1853, in-4°, 1,018 pages.

III. Correspondances et documents politiques et administratifs.

28. Lettres de rois, reines et autres personnages des cours de France et d'Angleterre, depuis Louis VII jusqu'à Henri IV, tirées des archives de Londres par Bréquigny et publiées par M. J.-J. Champollion-Figeac. Paris, 1830-1847, 2 vol. in-4°.

> Tome I, cxlviii et 511 pages; tome II, vii et 603 pages. — Les pièces publiées s'arrêtent à l'année 1515. — La préface renferme une étude sur la mission de Bréquigny à Londres, l'établissement du Cabinet des chartes

et la publication des grandes collections diplomatiques (xviii° s.); calendrier de l'église d'Angleterre avant la Réformation.

29. Rôles gascons, transcrits et publiés par Francisque MICHEL. Tome I (1242-1254), et Supplément au tome I (1254-1255), par Charles BÉMONT. Paris, 1885-1896, xxxvi-575 et cxxxv-219 pages.

30. Les *Olim* ou Registres des arrêts rendus par la Cour du Roi sous les règnes de saint Louis, de Philippe le Hardi, de Philippe le Bel, de Louis le Hutin et de Philippe le Long (1254-1318), publiés par le comte BEUGNOT. Paris, 1839-1848, 4 vol. in-4°.

> Tome I (1839), ciii et 1,151 pages; tome II (1842), lxxi et 1,029 pages; t. III, première partie (1844), lxxxviii pages et pages 1 à 711; tome III, deuxième partie (1848), pages 713 à 1,667.
>
> En appendice : tome II : Privilèges de Saint-Dizier (1228); compilation des raisons et articles envoyés par les échevins de Saint-Dizier aux échevins d'Ypres (xv° s.); — tome III (deuxième partie) : Anciennes coutumes d'Alais (xiii° s.).

31. Règlements sur les arts et métiers de Paris, rédigés au xiii° siècle et connus sous le nom de Livre des métiers d'Étienne Boileau, publiés, pour la première fois en entier, d'après les manuscrits de la Bibliothèque du roi et des Archives du royaume, avec des notes et une introduction, par G.-B. DEPPING. Paris, 1837, in-4°, lxxxvi et 474 pages.

> A la suite : Ordonnances sur le commerce et les métiers, rendues par les prévôts de Paris depuis 1270 jusqu'à l'an 1300 et pièces diverses qui y sont relatives.

32. Documents relatifs aux comtés de Champagne et de Brie, publiés par M. A. LONGNON. (*Sous presse.*)

33. Correspondance administrative d'ALFONSE DE POITIERS, publiée par Aug. MOLINIER. Tome I [1267-1270]. Paris, 1894, in-4°, viii et 798 pages.

34. Paris sous Philippe le Bel, d'après des documents originaux et notamment d'après un manuscrit contenant le rôle de la taille imposée sur les habitants de Paris en 1291, publié pour la première fois par H. GÉRAUD. Paris, 1837, in-4°, xvi et 640 pages, plan.

> En appendice : Les Rues de Paris, en vers (xv° s.); Dictionnaire de Jean de Garlande.

35. Documents relatifs aux États généraux et assemblées réunis sous
Philippe le Bel, par M. G. Picot. (*Sous presse.*)

36. Procès des Templiers, publié par M. Michelet. Paris, 1841,
2 vol. in-4°, vi-681 et viii-550 pages.

37. Journaux du Trésor de Philippe de Valois, publiés par M. J.
Viard. (*Sous presse.*)

38. Mandements et actes divers de Charles V (1364-1380), recueillis
dans les collections de la Bibliothèque nationale, publiés ou
analysés par M. Léopold Delisle. Paris, 1874, in-4°, xii et
1,036 pages.

39. Itinéraires de Philippe le Hardi et de Jean sans Peur, ducs de
Bourgogne, 1363-1419, d'après les comptes de dépenses de
leur hôtel, recueillis et mis en ordre par Ernest Petit. Paris,
1888, in-4°, xxxi-719 pages.

40. Journal des États généraux de France tenus à Tours, en 1484,
sous le règne de Charles VIII, rédigé en latin par Jehan Mas-
selin, député du bailliage de Rouen, publié et traduit pour la
première fois sur les manuscrits inédits de la Bibliothèque
du roi, par Adhelm Bernier. Paris, 1835, in-4°, xix et
747 pages.

> Biographie de Jean Masselin († 1500). — En appendice : Cahier pré-
> senté au Roi par les trois États et réponse du Roi; ordre de préséance;
> liste des députés; inventaire des papiers du président Doriolle, etc.

41. Procès-verbaux des séances du Conseil de régence du roi
Charles VIII, pendant les mois d'août 1484 à janvier 1485,
publiés d'après les manuscrits de la Bibliothèque royale, par
A. Bernier. Paris, 1836, in-4°, iv et 244 pages.

42. Procédures politiques du règne de Louis XII, par M. de Maulde.
Paris, 1885, in-4°, cxxxi et 1,306 pages.

> Procès du maréchal de Gié (1504-1506), suivi de nombreuses pièces
> relatives à ce personnage. — Procès de divorce de Louis XII (1498) et
> pièces justificatives. — Procédures pour Anne de France, duchesse de Bour-
> bonnais en 1499.

43. Négociations diplomatiques de la France avec la Toscane [1311-

1610], documents recueillis par Giuseppe Canestrini et publiés par Abel Desjardins. Paris, 1859-1886, 6 vol. in-4°.

Tome I (1859), lxiii et 713 pages; tome II (1861), 1,136 pages; tome III (1865), 943 pages; tome IV (1872), 892 pages; tome V (1875), 706 pages; tome VI, Index (1886), 139 pages.

44. Négociations diplomatiques entre la France et l'Autriche durant les trente premières années du xvie siècle, par M. Le Glay. Paris, 1845, 2 vol. in-4°, ccix-608 et 808 pages.

45. Négociations de la France dans le Levant, ou correspondances, mémoires et actes diplomatiques des ambassadeurs de France à Constantinople, et des ambassadeurs ou résidents à divers titres à Venise, Raguse, Rome, Malte et Jérusalem, en Turquie, Perse, Géorgie, Crimée, Syrie, Égypte, etc., et dans les États de Tunis, d'Alger et de Maroc [1515-1589], publiés pour la première fois par E. Charrière. Paris, 1848-1860, 4 vol. in-4°.

Tome I (1848), cxxxvi et 364 pages; tome II (1850), xl et 824 pages; tome III (1853), lxiv et 951 pages; tome IV (1860), 787 pages.

46. Captivité du roi François Ier, par M. Aimé Champollion-Figeac. Paris, 1847, in-4°, lxxviii-659 pages, et 12 pl. de fac-similés.

Lettres, mémoires, documents historiques (1524-1526); poésies composées par François Ier, etc.

47. Papiers d'État du cardinal de Granvelle [1516-1565], d'après les manuscrits de la bibliothèque de Besançon, publiés sous la direction de M. Ch. Weiss. Paris, 1841-1852, 9 vol. in-4°.

Tome I (1841), lvii et 628 pages; tome II (1841), 701 pages; tome III (1842), 658 pages; tome IV (1843), 785 pages; tome V (1844), 705 pages; tome VI (1846), 636 pages; tome VII (1849), 691 pages; tome VIII (1850), 701 pages; tome IX (1852), 696 pages.

48. Lettres de Catherine de Médicis [1533-1589], publiées par MM. Hector de La Ferrière et le comte Baguenault de Puchesse. Paris, 1884-1897, 6 vol. in-4°.

Tome I (1880), ii, clxxi-727 pages et fac-similés; tome II (1885), ii-cxii et 500 pages; tome III (1887), ii-lxvii et 428 pages; tome IV (1891), vi-ccviii et 383 pages; tome V (1895), lxxvii-379 pages; tome VI (1897), publié par M. le comte Baguenault de Puchesse, vi-xxiii et 564 pages. Les six volumes parus comprennent les années 1533 à 1579.

49. Négociations, lettres et pièces diverses relatives au règne de François II, tirées du portefeuille de Sébastien DE L'AUBESPINE, évêque de Limoges, publiées par Louis PARIS. Paris, 1841, in-4°, XLVI et 987 pages.

> Chiffre de M. de Bassefontaine, planche. — Lettres et dépêches de M. de l'Aubespine; lettres de François II, de Catherine de Médicis, de Philippe II, roi d'Espagne, et de sa femme Élisabeth, d'Antoine de Bourbon, roi de Navarre, du cardinal de Guise, de l'amiral de Coligny, etc. — Maison de Marie Stuart en 1560; enfants du roi Henri II, etc.

50. Relations des ambassadeurs vénitiens sur les affaires de France au XVI⁰ siècle, recueillies et traduites par N. TOMMASEO. Paris, 1838, 2 vol. in-4°, XII-565 et 832 pages.

> En appendice : *Commentarii dell'azzioni del regno di Francia concernenti la religione e altri accidenti, cominciando dall'anno 1556*, abrégé italien des Commentaires du sieur de La Place.

51. Procès-verbaux des États généraux de 1593, recueillis et publiés par M. Aug. BERNARD. Paris, 1842, in-4°, LXXII et 831 pages.

> En appendice : Relation d'Odet Soret, député du pays de Caux; registre des procurations et pouvoirs des députés du Tiers État; assemblées à l'hôtel de ville de Paris pour les élections des députés du Tiers État; lettres d'Anselme de Marizy et de l'ambassadeur d'Espagne; discours de don Inigo de Mendoza et de Claude de La Chastre; historique de l'arrêt du Parlement, dit de la Loi salique; tarif des marchandises entrant dans Paris après la trêve; notice sur les salles du Louvre où se réunirent les États, plan; extraits des registres des hôtels de ville de Dijon, de Reims, de Toulouse et d'Amiens; lettres du duc de Mayenne; cahiers des députés du Tiers État de Rouen, de Reims, de Troyes et des députés du clergé d'Auxerre; députés du Parlement de Paris; députés de la ville de Troyes, etc.

52. Recueil des lettres missives de HENRI IV [1562-1610], publiées par MM. BERGER DE XIVREY et J. GUADET. Paris, 1843-1876, 9 vol. in-4°.

> Tome I (1843), XLI et 712 pages, 2 fac-similés; tome II (1843), VI et 660 pages, 3 fac-similés; tome III (1846), XXIII et 877 pages, 2 fac-similés; tome IV (1848), XXI et 1,080 pages, 3 fac-similés; tome V (1850), XVI et 779 pages, 3 fac-similés; tome VI (1853), XV et 718 pages, fac-similé; tome VII (1858), XVI et 959 pages, 2 fac-similés; tome VIII (1872), XVI et 979 pages; tome IX (1876), IX et 933 pages. — Les tomes VIII et IX ont été publiés par M. J. Guadet et portent ce titre : *Recueil des lettres missives de Henri IV... Supplément par J. Guadet.* — Le tome IX renferme les *Itinéraires et séjours de Henri IV* et une étude de M. Guadet sur *Henri IV et sa correspondance.*

53. Lettres, instructions diplomatiques et papiers d'État du cardinal
    DE RICHELIEU [1608-1642], recueillis et publiés par M. AVENEL.
    Paris, 1853-1877, 8 vol in-4°.

> Tome I (1853), cvi-812 pages et 4 fac-similés; tome II (1856),
> 800 pages et 4 fac-similés; tome III (1858), 990 pages et 2 fac-similés;
> tome IV (1861), 819 pages; tome V (1863), 1,095 pages; tome VI (1867),
> 990 pages et 2 fac-similés; tome VII (1874), 1,074 pages; tome VIII, cor-
> rections, additions et tables (1877), 517 pages.

54. Négociations, lettres et pièces relatives à la Conférence de Lou-
    dun [1615-1616], publiées par M. BOUCHITTÉ. Paris, 1862,
    in-4°, LXIV et 865 pages.

55. Correspondance de Henri D'ESCOUBLEAU DE SOURDIS, archevêque
    de Bordeaux, chef des Conseils du Roi en l'armée navale,
    commandeur du Saint-Esprit, primat d'Aquitaine, etc., aug-
    mentée des ordres, instructions et lettres de Louis XIII et du
    cardinal de Richelieu à M. de Sourdis, concernant les opéra-
    tions des flottes françaises de 1636 à 1642, et accompagnée
    d'un texte historique, de notes et d'une introduction sur l'état
    de la marine sous le ministère du cardinal de Richelieu, par
    M. Eugène SUE. Paris, 1839, 3 vol. in-4°, xcvi-550, 572 et
    686 pages.

56. Lettres du cardinal MAZARIN pendant son ministère [1643-
    1661], recueillies et publiées par MM. A. CHÉRUEL et G. D'A-
    VENEL. Paris, 1872-1894, 8 vol. in-4°.

> Tome I (1872), cxxxii et 971 pages; tome II (1876), xlviii et
> 1,068 pages; tome III (1883), vii et 1,142 pages; tome IV (1887), ix et
> 841 pages; tome V (1889), xix et 803 pages; tome VI (1890), xv et
> 765 pages; tome VII (1893), xiii et 806 pages; tome VIII (1894), x et
> 835 pages. — Ouvrage en cours de publication. — Les six premiers vo-
> lumes ont été publiés par M. A. Chéruel; l'ouvrage est continué par M.
> d'Avenel; le huitième volume s'arrête au mois d'août 1658.

57. Correspondance administrative sous le règne de Louis XIV entre
    le Cabinet du roi, les secrétaires d'État, le chancelier de France
    et les intendants et gouverneurs de provinces, les présidents,
    procureurs et avocats généraux des parlements et autres cours
    de justice, le gouverneur de la Bastille, les évêques, les corps
    municipaux, etc., recueillie et mise en ordre par G.-B. DEP-
    PING. Paris, 1850-1855, 4 vol. in-4°.

> Tome I, États provinciaux, affaires municipales et communales (1850),
> XLVI et 1,017 pages; tome II, Administration de la justice, police, galères

(1851), LVI et 1,025 pages; tome III, Affaires de finances, commerce, industrie (1852), LIX et 920 pages; tome IV, Travaux publics, affaires religieuses, protestants, sciences, lettres et arts, pièces diverses publiées par M. Guillaume Depping fils (1855), XXXVI et 849 pages.

58. Mémoires des intendants sur l'état des Généralités, dressés pour l'instruction du duc de Bourgogne. Tome I : Mémoire de la généralité de Paris [rédigé par Pierre ROLAND, sieur de Panthenay], publié par A. M. DE BOISLISLE. Paris, 1881, in-4°, XCIV et 854 pages.

> Appendice : Rivières; établissements de bienfaisance et distributions charitables; population; milice et maréchaussée; ferme des poudres; logements et états des troupes; impositions et fermes en général; agriculture; forêts et bois; manufactures; marchés de Paris; ponts et chaussées; mines et eaux minérales; maisons royales; états des élections de la généralité de Paris en 1684; description de l'élection de Vézelay, par Vauban, en 1696; rapport du subdélégué de l'élection de Provins (1698); mémoire de M. Bignon sur la généralité de Paris (1724); mémoires sur l'état des populations, de leur commerce et de leur industrie (1684-1687).

59. Missions archéologiques françaises en Orient aux XVIIe et XVIIIe siècles, par Henri OMONT. (*Sous presse.*)

60. Négociations relatives à la succession d'Espagne sous Louis XIV, ou correspondances, mémoires et actes diplomatiques concernant les prétentions et l'avènement de la maison de Bourbon au trône d'Espagne [1662-1679], accompagnés d'un texte historique et précédés d'une introduction par M. MIGNET. Paris, 1835-1842, 4 vol. in-4°.

> Tome I (1835), XCIX et 552 pages; tome II (1835), 650 pages; tome III (1842), 714 pages; tome IV (1842), 712 pages.

61. Mémoires militaires relatifs à la Succession d'Espagne sous Louis XIV [1701-1713], extraits de la correspondance de la cour et des généraux par le lieutenant général DE VAULT, directeur du Dépôt de la guerre, mort en 1790, revus, publiés et précédés d'une introduction par le lieutenant général PELET. Paris, 1835-1862, 11 vol. in-4° et 11 livr. d'atlas in-fol.

> Tome I (1835), XXVI et 773 pages; tome II (1836), 932 pages; tome III (1838), 1,054 pages; tome IV (1841), 1,074 pages; tome V (1842), 892 pages; tome VI (1845), VIII et 883 pages; tome VII (1848), 536 pages; tome VIII (1850), 711 pages; tome IX (1855), 526 pages; tome X (1859), 850 pages; tome XI (1862), 729 pages. — A partir du tome IX, le titre est ainsi modifié : *Mémoires militaires relatifs à la Succession d'Espagne sous*

Louis XIV, extraits de la correspondance de la cour et des généraux, rédigés au Dépôt de la guerre de 1763 à 1788 sous la direction du lieutenant général de Vault, mort en 1790, et publiés avec le concours du Ministre de la Guerre par le Ministre de l'Instruction publique. — Cet ouvrage est accompagné d'un atlas intitulé : *Atlas des mémoires relatifs à la succession d'Espagne sous Louis XIV, dressé par les soins de M. le lieutenant général Pelet, député de la Haute-Garonne, directeur général du Dépôt de la guerre* (Paris, 1836-vers 1862, in-folio, 7 fascicules). Le 1er fascicule contient 22 cartes et plans et 11 tableaux des mouvements et camps des armées belligérantes; le 2e, 10 cartes et plans et 17 tableaux; le 3e, 7 cartes et plans et 16 tableaux; le 4e, 6 cartes et plans et 14 tableaux; le 5e, 7 cartes et plans et 11 tableaux; le 6e, 7 cartes et plans et 7 tableaux; le 7e, 10 cartes et plans et 43 tableaux.

62. Remontrances du Parlement de Paris au xviiie siècle, publiées par Jules FLAMMERMONT. Paris, 1888-1895, 2 vol. in-4°.

Tome I, 1715-1753 (1888), xcv et 718 pages; tome II, 1755-1768 (1895), lxii et 958 pages.

IV. Documents de la période révolutionnaire.

63. Recueil de documents relatifs à la convocation des États généraux de 1789, par Armand BRETTE. Paris, 1894-1896, gr. in-8°, clix-534, et 719 pages et xxiv planches.

64. Correspondance secrète du comte de MERCY-ARGENTEAU avec l'empereur Joseph II et le prince de Kaunitz [1780-1790], publiée par M. le chevalier Alfred D'ARNETH et M. Jules FLAMMERMONT. Paris, 1889-1891, 2 vol. grand in-8°, lxxxviii-491 et 539 pages.

65. Procès-verbaux du Comité d'instruction publique de l'Assemblée législative [30 oct. 1791-22 août 1792], publiés et annotés par M. J. GUILLAUME. Paris, 1889, grand in-8°, xxiv et 540 pages.

66. Procès-verbaux du Comité d'instruction publique de la Convention nationale, publiés et annotés par M. J. GUILLAUME. Paris, 1891-1897, 3 vol. grand in-8°.

Tome I, 15 octobre 1792-2 juillet 1793 (1891), xci et 699 pages; t. II, 1er frimaire an ii [21 novembre 1793]-30 ventôse an ii [20 mars 1794] (1894), ciii et 944 pages; t. III, 3 juillet 1793-30 brumaire an ii [20 novembre 1793] (1897), cxxvi et 679 pages.

67. Recueil des actes du Comité de salut public, avec la correspondance officielle des représentants en mission et le registre du Conseil exécutif provisoire, publié par F.-A. AULARD. Paris, 1889-1897, 11 vol. grand in-8°.

Tome I, 10 août 1792-21 janvier 1793 (1889), LXXVII et 512 pages; tome II, 22 janvier 1793-31 mars 1793 (1889), 630 pages; tome III, 1er avril 1793-5 mai 1793 (1890), IV et 649 pages; tome IV, 6 mai 1793-18 juin 1793 (1891), 642 pages; tome V, 19 juin 1793-15 août 1793, (1892), 601 pages; table des cinq premiers volumes (1893), II-209 pages; tome VI, 15 août 1793-21 septembre 1793 (1893), III-643 pages; t. VII, 22 septembre 1793-24 octobre 1793 (1894), III-664 pages; tome VIII, 25 octobre 1793-26 novembre 1793 (4 brumaire an II-6 frimaire an II) (1895), 771 pages; tome IX, 27 novembre 1793-31 décembre 1793 (7 frimaire an II-11 nivôse an II) (1895), 832 pages; tome X, 1er janvier 1794-8 février 1794 (12 nivôse an II-20 pluviôse an II) (1897), 834 pages.

68. Correspondance générale de CARNOT, publiée avec des notes historiques par Étienne CHARAVAY. Paris, 1892-1897, 3 vol. grand in-8°.

Tome I, août 1792-mars 1793 (1892), XVII-479 pages et portrait; tome II (1894), mars-août 1793, IV et 559 pages; tome III (1897), août-octobre 1793, VIII et 621 pages.

On peut rattacher aux publications de Documents de la période révolutionnaire les deux publications suivantes :

1° Catalogue des procès-verbaux des Conseils généraux, de 1790 à l'an II, conservés aux Archives nationales et dans les archives départementales, [par L. LECESTRE]. Paris, 1891, in-8°, XIV et 182 pages.

2° Études documentaires sur la Révolution française. La préparation de la guerre de Vendée, 1789-1793, par Ch.-L. CHASSIN. Paris, 1892, 3 vol. in-8°, XIV-523, 555 et 628 pages.

3° Études documentaires sur la Révolution française. La Vendée patriote, 1793-1800, par Ch.-L. CHASSIN, Paris, 1893-1895, 4 vol. in-8°, XII-621, 639, 575 et 699 pages.

V. Documents philologiques, littéraires, philosophiques, juridiques, etc.

69. L'éclaircissement de la langue française par Jean PALSGRAVE [1530], suivi de la grammaire de Giles DU GUEZ [vers 1533], publiés pour la première fois, en France, par F. GÉNIN. Paris, 1852, in-4°, 38, XLVIII et 1,136 pages, 2 fac-similés.

70. Les quatre livres des Rois, traduits en français du XIIe siècle, suivis d'un fragment de moralités sur Job et d'un choix de sermons de saint Bernard, publiés par M. Le Roux de Lincy. Paris, 1841, in-4°, cl et 580 pages, 2 fac-similés.

71. Le livre des Psaumes, ancienne traduction française [xie ou xiie siècle], publiée pour la première fois, d'après les manuscrits de Cambridge et de Paris, par Francisque Michel. Paris, 1876, in-4°, x et 338 pages, 2 planches.

72. Ouvrages inédits d'Abélard pour servir à l'histoire de la philo sophie scolastique en France, publiés par M. Victor Cousin. Paris, 1836, in-4°, ccv et 679 pages.

73. Li Livre dou Tresor par Brunetto Latini, publié pour la première fois, d'après les manuscrits de la Bibliothèque impériale, de la bibliothèque de l'Arsenal et plusieurs manuscrits des départements et de l'étranger, par P. Chabaille. Paris, 1863, in-4°, xxxvi et 736 pages.

74. Li livres de jostice et de plet [xiiie siècle], publié pour la première fois d'après le manuscrit unique de la Bibliothèque nationale, par Rapetti, avec un glossaire des mots hors d'usage par P. Chabaille. Paris, 1850, in-4°, lii et 452 pages.

75. Le mistere du siege d'Orleans, publié pour la première fois d'après le manuscrit unique conservé à la bibliothèque du Vatican, par MM. F. Guessard et E. de Certain. Paris, 1862, in-4°, lxvi et 809 pages, fac-similé.

En appendice : Catalogue des œuvres dramatiques dont la Pucelle a fourni le sujet depuis le mystère du siège d'Orléans.

76. Lettres de Peiresc aux frères Dupuy [et à divers], publiées par Philippe Tamizey de Larroque. Paris, 1888-1898, 7 vol. in-4°.

Tome I (1888), ix-914 pages; tome II (1890), 713 pages; tome III (1892), 830 pages; tome IV (1893), iv-615 pages; tome V (1894), viii-821 pages; tome VI (1896), vii-847 pages.

Tomes I à III, Lettres aux frères Dupuy (décembre 1617-juin 1637); avec table pour les tomes I à III. — Tome IV, Lettres de Peiresc à Borilly, à Bouchard et à Gassendi; lettres de Gassendi à Peiresc (1626-1637). — Tome V, Lettres de Peiresc à Guillemin, à Holstenius et à Menestrier; lettres de Menestrier à Peiresc (1610-1637). — Tome VI, Lettres de Peiresc à sa famille, et principalement à son frère (1602-1637); avec table pour les tomes III à VI. — Tome VII, Lettres à divers : Abbatia-Chifflet (sous presse).

77. Lettres de Jean CHAPELAIN, de l'Académie française [1632-1672], publiées par Ph. TAMIZEY DE LARROQUE. Paris, 1880-1883, 2 vol. in-4°, xxv-746 et 967 pages.

78. Documents historiques inédits, tirés des collections manuscrites de la Bibliothèque royale et des archives ou des bibliothèques des départements, publiés par M. CHAMPOLLION-FIGEAC. Paris, 1841-1848, 4 vol. in-4°, xxxi-742, iii-154 et 556, iv-668 et vii-84 et xlvi-579 pages.

> *Table chronologique et alphabétique des quatre volumes publiés de 1841 à 1848.* Paris, 1874, in-4°, 50 pages.
>
> Le détail de ces volumes a été donné par M. R. de Lasteyrie dans la *Bibliographie des travaux historiques et archéologiques publiés par les Sociétés savantes de la France,* sous les n°° 40887 et suivants.

79. Mélanges historiques; choix de documents. Paris, 1873-1886, 5 vol. in-4°, iv-848, 820, 822, ii-784 et ii-638 pages.

> Le détail de ces volumes a été donné dans la même *Bibliographie* sous les n°° 41029 et suivants.

VI. Publications archéologiques.

80. Recueil de diplômes militaires publié par M. *Léon* RENIER. Première livraison. Paris, 1876, in-4°, 248 pages et 37 planches.

> Première livraison, seule publiée.

81. Étude sur les sarcophages chrétiens antiques de la ville d'Arles, par M. Edmond LE BLANT; dessins de M. Pierre Fritel. Paris, 1878, in-fol., xxxix-84 pages et 36 planches.

82. Les sarcophages chrétiens de la Gaule, par M. Edmond LE BLANT. Paris, 1886, in-fol., xx-171 pages et 59 planches.

83. Nouveau recueil des inscriptions chrétiennes de la Gaule antérieures au viii° siècle, par Edmond LE BLANT. Paris, 1892, in-4°, xxiii-483 pages.

84. Architecture monastique, par M. Albert LENOIR. Paris, 1852-1856, 2 vol. in-4°.

> Tome I, xix-405 pages, 4 planches et figures; tome II, 562 pages et figures.

85. Étude sur les monuments de l'architecture militaire des croisés
en Syrie et dans l'île de Chypre, par M. Guillaume Rey. Paris,
1871, in-4°, 288 pages et 75 planches.

86. Monographie de l'église Notre-Dame de Noyon, par M. L. Vitet;
plans, coupes, élévations et détails par Daniel Ramée. Paris,
1845, in-4°, 256 pages et atlas in-folio de 24 planches.

87. Monographie de la cathédrale de Chartres [par Lassus et Amaury
Duval], publiée par les soins du Ministre de l'instruction
publique. Atlas. Explication des planches, par J. Durand.
Paris, 1867-1886, in-fol., 2 pages et 72 planches, et in-4°,
xii-178 pages.

88. Notice sur les peintures de l'église de Saint-Savin, par Mérimée.
Paris, 1845, in-fol., 121 pages et 42 planches.

89. Statistique monumentale (spécimen). Rapport à M. le Ministre
de l'instruction publique sur les monuments historiques des
arrondissements de Nancy et de Toul (département de la
Meurthe), accompagné de cartes, plans et dessins, par E. Grille
de Beuzelin. Paris, 1837, in-4°, 159 pages et atlas in-fol.

En appendice : Notes et documents sur le patois lorrain. Un carton
ferme 1 carte et 37 planches.

90. Statistique monumentale de Paris; par M. Albert Lenoir. Cartes,
plans et dessins; atlas. — Explication des planches. Paris,
1867, 2 vol. in-fol., 268 planches, et in-4°, x-264 pages.

91. Inscriptions de la France du v° au xviii° siècle. Ancien diocèse
de Paris, recueillies et publiées par MM. de Guilhermy et
R. de Lasteyrie. Paris, 1873-1883, 5 vol. in-4°.

Tome I (1873), xvi et 820 pages, 10 planches et figures; tome II
(1875), ii et 707 pages, 8 planches et figures; tome III (1877), 764 pages,
5 planches et figures; tome IV (1879), xii et 623 pages, 6 planches et
figures; tome V (1883), vi et 615 pages, 4 planches et figures. — En tête
du tome IV : Biographie de M. F. de Guilhermy (1808-1878), par M. A.
Darcel. — Les quatre premiers volumes ont été publiés par M. de Guilhermy; le cinquième, par M. de Lasteyrie.

92. Iconographie chrétienne. Histoire de Dieu, par M. Didron. Paris,
1843, in-4°, 624 pages, figures.

93. Recueil de documents relatifs à l'histoire des monnaies frappées
par les rois de France depuis Philippe II jusqu'à François Ier,
par F. DE SAULCY. Tome I [1180-1357]. Paris, 1879, in-4°,
XVI et 569 pages.

> Les tomes II, III et IV ont été publiés en 1887-1892 par les soins de
> la famille de M. de Saulcy et ne font pas partie de la Collection des *Documents inédits*.

94. Inventaire des sceaux de la Collection Clairambault à la Bibliothèque nationale, par G. DEMAY. Paris, 1885-1886, 2 vol.
in-4°, II-700 et 667 pages.

95. Inventaire du mobilier de Charles V, roi de France [1380], publié par Jules LABARTE. Paris, 1879, in-4°, XXIV-423 pages
et 4 planches.

96. Les Médailleurs français de la Renaissance; documents publiés
par Fernand MAZEROLLE. (*Sous presse.*)

97. Comptes de dépenses de la construction du château de Gaillon
[1501-1509], publiés d'après les registres manuscrits des trésoriers du cardinal d'Amboise, par A. DEVILLE. Paris, 1850,
in-4°, CLXVI et 559 pages.

> Pièces diverses : Enquête sur la châtellenie de Gaillon (s. d.); charte de
> Lambert Cadoc pour sa libération (1227); échange du château de Gaillon
> par saint Louis (1262); recettes et dépenses du cardinal d'Amboise comme
> archevêque de Rouen (1506-1507); inventaires du mobilier du cardinal
> d'Amboise à Rouen, Gaillon et Vigny (1508-1509); inventaire des meubles
> du château de Gaillon (1550).

98. Comptes des bâtiments du Roi sous le règne de Louis XIV, publiés par M. Jules GUIFFREY. Paris, 1881-1896, 4 vol. in-4°.

> Tome I [1664-1680] (1881), LXXIV et 1,530 colonnes ou pages; tome II
> [1681-1687] (1887), VI pages et 1,448 colonnes ou pages; tome III [1688-
> 1695] (1091), XI pages et 1,347 colonnes ou pages; tome IV [1696-1705]
> (1896), 1,395 colonnes. — Ouvrage en cours de publication.

II

PUBLICATIONS DIVERSES

RATTACHÉES À LA COLLECTION DE DOCUMENTS INÉDITS.

A

Section d'histoire et de philologie.

99. Éléments de paléographie par M. Natalis DE WAILLY. Paris,
1838, 2 vol. in-4°, XII-716, et IV-452 pages et 37 planches.

100. Correspondance des contrôleurs généraux des finances avec les
intendants des provinces, publiée par ordre du Ministre des
finances, d'après les documents conservés aux Archives nationales, par A. M. DE BOISLISLE et P. DE BROTONNE. Paris, 1874-
1897, 3 vol. in-4°, [IV]-LIX-695, III-696 et III-868 pages.

101. Dictionnaire de l'ancienne langue française et de tous ses dia-
lectes, du IX° au XV° siècle, par Frédéric GODEFROY. Paris,
1880-1895, 8 vol. in-4°, IV-799, IV-792, 796, 796,
779, 792, 364 et 432 pages.

> La seconde partie du tome VIII contient le début du *Complément du
> Dictionnaire de l'ancienne langue française* (A-Carrefour), en cours de
> publication.

102. Dictionnaires topographiques :

1. Dictionnaire topographique du département de l'AISNE, comprenant
les noms de lieu anciens et modernes, rédigé sous les auspices de la Société académique de Laon, par M. Auguste MATTON. Paris, 1871, in-4°,
XXXIX et 364 pages.

2. Dictionnaire topographique du département des HAUTES-ALPES, comprenant les noms de lieu anciens et modernes, rédigé par M. J. ROMAN.
Paris, 1884, in-4°, LXXI et 200 pages.

3. Dictionnaire topographique du département de l'AUBE, contenant les
noms de lieu anciens et modernes, rédigé sous les auspices de la Société
académique de l'Aube, par MM. Théophile BOUTIOT et Émile SOCARD. Paris,
1874, in-8°, LXVII et 280 pages.

4. Dictionnaire topographique du département du CALVADOS, comprenant les noms de lieu anciens et modernes, publié par ordre du Ministre

de l'instruction publique et sous la direction du Comité des travaux historiques, par M. Célestin HIPPEAU. Paris, 1883, in-4°, LVI et 330 pages.

5. Dictionnaire topographique du département du CANTAL, comprenant
les noms de lieu anciens et modernes, rédigé sous les auspices de la Société d'émulation de l'Auvergne, par M. Émile AMÉ. Paris, 1897, in-4°,
LIV et 631 pages.

6. Dictionnaire topographique du département de la DORDOGNE, compre-
nant les noms de lieu anciens et modernes, rédigé sous les auspices de la
Société d'agriculture, sciences et arts de la Dordogne, par M. A. DE
GOURGUES. Paris, 1873, in-4°, LXXXVIII et 389 pages.

7. Dictionnaire topographique du département de la DRÔME, comprenant
les noms de lieu anciens et modernes, rédigé sous les auspices de la Société d'archéologie et de statistique de la Drôme, par M. J. BRUN-DURAND.
Paris, 1891, in-4°, LXXVIII et 502 pages.

8. Dictionnaire topographique du département de l'EURE, comprenant les
noms de lieu anciens et modernes, rédigé sous les auspices de la Société
libre d'agriculture, sciences, arts et belles-lettres de l'Eure, par M. DE
BLOSSEVILLE. Paris, 1877, in-4°, XL et 279 pages.

9. Dictionnaire topographique du département d'EURE-ET-LOIR, comprenant les noms de lieu anciens et modernes, rédigé sous les auspices de la
Société archéologique d'Eure-et-Loir, par M. Lucien MERLET. Paris, 1861,
in-4°, XXIV et 255 pages.

10. Dictionnaire topographique du département du GARD, comprenant
les noms de lieu anciens et modernes, rédigé sous les auspices de l'Académie du Gard, par M. E. GERMER-DURAND. Paris, 1868, in-4°, XXXVI et
298 pages.

11. Dictionnaire topographique du département de l'HÉRAULT, comprenant les noms de lieu anciens et modernes, rédigé sous les auspices de
la Société archéologique de Montpellier, par M. Eugène THOMAS. Paris,
1865, in-4°, XXXII et 278 pages.

12. Dictionnaire topographique du département de la MARNE, comprenant les noms de lieu anciens et modernes, par M. Auguste LONGNON.
Paris, 1891, in-4°, LXXXVIII et 380 pages.

13. Dictionnaire topographique du département de la MAYENNE, comprenant les noms de lieu anciens et modernes, rédigé sous les auspices de la
Société de l'industrie de la Mayenne, par M. Léon MAÎTRE. Paris, 1878,
in-4°, LII et 356 pages.

14. Dictionnaire topographique du département de la MEURTHE, rédigé
sous les auspices de la Société d'archéologie lorraine, par M. Henri
LEPAGE. Paris, 1862, in-4°, XXVII et 213 pages.

15. Dictionnaire topographique du département de la MEUSE, comprenant les noms de lieu anciens et modernes, rédigé sous les auspices de la
Société philomathique de Verdun, par M. Félix LIÉNARD. Paris, 1872,
in-4°, XLIV et 297 pages.

16. Dictionnaire topographique du département du MORBIHAN, comprenant les noms de lieu anciens et modernes, rédigé sous les auspices de la

Société polymathique du Morbihan, par M. L. Rosenzweig. Paris, 1870, in-4°, xlviii et 317 pages.

17. Dictionnaire topographique de l'ancien département de la Moselle, comprenant les noms de lieu anciens et modernes, rédigé en 1868 sous les auspices de la Société d'archéologie et d'histoire de la Moselle, par M. E. de Bouteiller. Paris, 1874, in-4°, lv et 316 pages.

18. Dictionnaire topographique du département de la Nièvre, comprenant les noms de lieu anciens et modernes, rédigé sous les auspices de la Société nivernaise des lettres, sciences et arts, par M. Georges de Soultrait. Paris, 1865, in-4°, xii et 246 pages.

19. Dictionnaire topographique des Basses-Pyrénées, par M. Paul Raymond. Paris, 1863, in-4°, xx et 208 pages.

20. Dictionnaire topographique du département du Haut-Rhin, comprenant les noms de lieu anciens et modernes, rédigé sous les auspices de la Société industrielle de Mulhouse, par M. Georges Stoffel. Paris, 1868, in-4°, xxiv et 261 pages.

21. Dictionnaire topographique du département de la Vienne, comprenant les noms de lieu anciens et modernes, rédigé sous les auspices de la Société des antiquaires de l'Ouest, par M. L. Rédet. Paris, 1881, xxxvi et 526 pages.

22. Dictionnaire topographique du département de l'Yonne, comprenant les noms de lieu anciens et modernes, rédigé sous les auspices de la des sciences historiques et naturelles de l'Yonne, par M. Max. Quantin. Paris, 1862, in-4°, xxiii et 167 pages.

B

Section d'archéologie.

103. Dictionnaire archéologique de la Gaule, époque celtique, par la Commission instituée au Ministère de l'Instruction publique et des beaux-arts. Paris, 1875-1878, 476, 8 et 96 pages, planches et carte.

Tome I, A-G; tome II, fasc. 1, H-M. — Il faut y joindre «Carte de la Gaule au moment de la conquête romaine, exécutée par la Commission de la topographie des Gaules». Paris, 1876, couleurs, gr. in-fol.

On peut aussi rattacher aux publications de la Commission de la topographie des Gaules les ouvrages suivants :

1° Bibliographie générale des Gaules, répertoire systématique et alphabétique des ouvrages, mémoires et notices concernant l'histoire, la topographie, la religion, les antiquités et le langage de la Gaule jusqu'à la fin du v° siècle, par Ch.-Émile Ruelle. Paris, 1880, in-8°, xiv pages et 1,732 colonnes.

2° La Table de Peutinger, d'après l'original conservé à Vienne; précédée d'une introduction historique et critique..., par Ernest Desjardins. Paris, 1869-1876, gr. in-fol., vi-260 pages et 14 planches. (14 livraisons ont paru sur 18 dont se devait composer la publication.)

3° Catalogue des monnaies gauloises de la Bibliothèque nationale, rédigé par Ernest Muret et publié par les soins de M. A. Chabouillet. Paris, 1889, in-4°, xxvii-327 pages.

4° Atlas de monnaies gauloises, préparé par la Commission de topographie des Gaules et publié par Henri de La Tour. Paris, 1892, in-4°, v-12 pages et 55 planches,

104. Bibliographie générale des inventaires imprimés, par Fernand de Mély et Edmund Bishop. Paris, 1892-1895, 3 vol. in-8°, ix-335, 370 et 258 pages.

105. Inventaires de Jean, duc de Berry (1401-1416), publiés et annotés par Jules Guiffrey. Paris, 1894-1896, 2 vol. in-8°, cxciv-347 et ii-467 pages.

106. Recueil d'anciens inventaires, imprimé sous les auspices du Comité des travaux historiques et scientifiques, section d'archéologie. Tome I. Paris, 1896, in-8°, 419 pages.

Inventaires de Notre-Dame-la-Royale de Maubuisson-lès-Pontoise, publiés par M. A. Dutilleux. — Inventaires et documents relatifs aux joyaux et tapisseries des princes d'Orléans-Valois (1389-1481), publiés par M. J. Roman. — Inventaire de Barbe d'Amboise, comtesse de Seyssel (1574-1575), publié par M. le comte Marc de Seyssel-Cressieu. — Inventaire d'un jurisconsulte de Valence (1348), publié par M. Brun-Durand.

107. Album archéologique des musées de province, publié sous les auspices du Ministère de l'instruction publique et sous la direction de Robert de Lasteyrie, membre de l'Institut. Paris, 1890-1891, 3 livraisons in-4°, c-116 pages et 24 planches.

108. Répertoires archéologiques.

1. Répertoire archéologique du département de l'Aube, rédigé sous les auspices de la Société d'agriculture, sciences et belles-lettres du département, par M. H. d'Arbois de Jubainville. Paris, 1861, in-4°, 146 pages.

2. Répertoire archéologique du département des Hautes-Alpes, par M. J. Roman. Paris, 1888, in-4°, xvi et 231 pages.

3. Répertoire archéologique du département du Morbihan, rédigé sous les auspices de la Société polymathique de ce département, par M. L. Rosenzweig. Paris, 1863, in-4°, 238 pages.

4. Répertoire archéologique du département de la Nièvre, rédigé sous les auspices de la Société nivernaise des lettres, sciences et arts, par M. Georges de Soultrait. Paris, 1875, in-4°, iv et 221 pages.

5. Répertoire archéologique du département de l'Oise, rédigé sous les auspices de la Société académique d'archéologie, sciences et arts de ce département, par M. Emmanuel Woillez. Paris, 1862, in-4°, 218 pages.

6. Répertoire archéologique du département de la Seine-Inférieure, rédigé sous les auspices de l'Académie des sciences, belles-lettres et arts de Rouen, par M. l'abbé Cochet. Paris, 1871, in-4°, xvi et 652 pages.

7. Répertoire archéologique du département du Tarn, rédigé sous les auspices de la Société littéraire et scientifique du département établie à Castres, par M. Hippolyte Crozes. Paris, 1865, in-4°, iii et 123 pages.

8. Répertoire archéologique du département de l'Yonne, rédigé sous les auspices de la Société des sciences historiques et naturelles de ce département, par M. Max. Quantin. Paris, 1868, in-4°, iii et 291 pages.

III

RAPPORTS, INSTRUCTIONS, BULLETINS,
RÉPERTOIRES BIBLIOGRAPHIQUES.

109. Rapport au Roi [par M. Guizot] et pièces. Paris, 1835, in-4°, 87 pages.

110. Rapports à M. le Ministre de l'instruction publique sur les anciens monuments de la littérature de la France qui se trouvent dans les bibliothèques de l'Angleterre et de l'Écosse, par Francisque Michel. Paris, 1838, in-4°, 280 pages.

Description de manuscrits conservés au Musée britannique, dlehill, Cambridge, Durham, Édimbourg, Lincoln, etc., et romans pour la plupart des chansons de geste ou des poésies romanes.

111. Rapports au Ministre. Paris, 1839, in-4°, 369 pages.

Rapports d'Augustin Thierry sur les travaux de la Collection des monuments inédits de l'histoire du Tiers État; — de Francisque Michel sur les anciens monuments de la littérature de la France qui se trouvent dans les bibliothèques de l'Angleterre et de l'Écosse; — du comte Beugnot sur les registres du Parlement et en particulier sur les Olim (cf. n° 30); — de F. Génin sur les travaux du Comité historique de la langue et de la littérature françaises; — de Varin sur les travaux du Comité historique des chartes, chroniques et inscriptions; — du baron Thénard sur les travaux du Comité historique des sciences; — de M. de Gasparin sur les travaux du Comité historique des arts et monuments; — de M. Danton sur les travaux du Comité historique des sciences morales et politiques.

112. Instructions du Comité historique des arts et monuments. [Paris, 1839-1843], 4 fasc. in-4°.

> Architecture antique gallo-romaine, figures, par A. Lenoir (1839, 126 pages).—Musique, planches, par Bottée de Toulmon (1836, 15 pages). — Architecture du moyen âge, figures, par Leprévost et A. Lenoir (1840, 104 pages). — Architecture militaire au moyen âge, planches et figures, par Mérimée et A. Lenoir (1843, 85 pages).
>
> Ces instructions ont été réimprimées en 1846 par M. Gailhabaud (in-4°), et en 1857 par le Comité lui-même. Enfin en 1886 M. X. Charmes les a reproduites dans le troisième volume de l'ouvrage intitulé : *Le Comité des travaux historiques et scientifiques, histoire et documents*, pages 1 à 230 et 361 à 371.

113. Instructions du Comité historique des arts et monuments. Paris, 1857, in-4°, 243 pages.

> Architecture gallo-romaine et architecture du moyen âge, par MM. Mérimée, Albert Lenoir, Auguste Leprévost et Lenormant. — Instructions sur la musique par M. Bottée de Toulmon. — Réimpression des instructions publiées en 1839-1840 (cf. n° 112).

114. Instructions du Comité historique des arts et monuments. Architecture militaire. Paris, 1857, in-4°, 80 pages, planches et figures.

> Réimpression des Instructions publiées en 1843 (cf. n° 112).

115. Rapports au Ministre sur la Collection des documents inédits de l'histoire de France et sur les actes du Comité des travaux historiques. Paris, 1874, in-4°, 184 pages.

> Rapport de M. de Watteville sur l'histoire et la publication des Documents inédits de l'histoire de France et sur les actes du Comité des travaux historiques et des Sociétés savantes; de M. Léopold Delisle sur les travaux de la Section d'histoire; de M. Léon Renier sur les travaux de la Section archéologique; de M. Emile Blanchard sur les travaux de la Section des sciences.

116. Le Comité des travaux historiques et scientifiques; histoire et documents, par Xavier CHARMES. Paris, 1886, 3 vol. in-4°.

> Tome I. Bibliothèque des Finances (1759). — Cabinet des chartes (1762) : Mission de Bréquigny à Londres; recherches dans les provinces et à l'étranger; Trésor des chartes; Registres du Parlement; Ordonnances des rois de France; Recueil des historiens de France; Art de vérifier les dates; Table chronologique des chartes et diplômes; Diplomata, chartæ, etc.; Lettres des papes; Collection des conciles des Gaules; — Bibliothèque de législation, histoire et droit public (1781). — ccxxv et 497 pages.

Tome II. Actes officiels relatifs au Comité des travaux historiques et scientifiques (1833-1885). — En appendice : Notice sur les ouvrages publiés dans la Collection des documents inédits; Bibliographie des Sociétés savantes de la France [par M. Eugène Lefèvre-Pontalis]; listes des membres et correspondants du Comité. — 748 pages.

Tome III. Instructions du Comité des travaux historiques et scientifiques (1839-1885). — 770 pages.

117. Instructions adressées par le Comité des travaux historiques et scientifiques aux correspondants du Ministère de l'instruction publique et des beaux-arts. Paris, 1890-1891; 4 vol. in-8°.

1. Littérature latine et histoire du moyen âge, par L. DELISLE (1890), 116 pages et 1 planche.

2. L'Epigraphie chrétienne en Gaule et dans l'Afrique romaine, par M. Edmond LE BLANT (1890), 140 pages et 5 planches.

3. Numismatique de la France, par Anatole DE BARTHÉLEMY. Première partie. Époques gauloise, gallo-romaine et mérovingienne (1891), 48 pages.

4. Recherche des antiquités dans le nord de l'Afrique; conseils aux archéologues et aux voyageurs (1890), 252 pages et 1 carte.

Il y a de ces dernières instructions, sous la même date, une édition in-18, 252 pages et 1 carte.

118. Extraits des procès-verbaux des séances du Comité historique des monuments écrits, depuis son origine jusqu'à la réorganisation du 5 septembre 1848. Paris, 1850, in-8°, 456 pages.

119. Bulletin archéologique, publié par le Comité historique des arts et monuments, tomes I à IV. Paris, 1842-1856, in-8°, 284 et 360, 748, 538 et 579 pages.

Le détail du contenu de ce *Bulletin* et des suivants a été donné par M. R. de Lasteyrie dans la *Bibliographie des travaux historiques et archéologiques publiés par les Sociétés savantes*, n°° 41130 et suivants.

120. Bulletin du Comité historique des arts et monuments. Archéologie, beaux-arts. Tomes I à IV. Paris, 1849-1853, in-8°, 300, 304, 300 et 118 pages.

121. Bulletin du Comité historique des monuments écrits de l'histoire de France; histoire, sciences, lettres. Tomes I à IV. Paris, 1849-1853, 4 vol. in-8°, 301, 306, 300 et 138 p.

122. Bulletin du Comité de la langue, de l'histoire et des arts de la France. Tomes I à IV. Paris, 1853-1860, 4 vol. in-8°, 625, 796, XXVIII-768 et 990 pages.

123. Bulletin des Sociétés savantes, missions scientifiques et littéraires, Comité de la langue, de l'histoire et des arts de la France, tomes I et II. Paris, 1854-1855, 2 vol. in-8°, 300 et 440 pages.

124. Revue des Sociétés savantes des départements, publiée sous les auspices du Ministre de l'instruction publique et des cultes. Paris, 1856-1882, 49 vol. in-8°.

> Le tome I de la 1ʳᵉ série (1856-1858, 5 vol.) porte pour titre : *Revue des Sociétés savantes de la France et de l'étranger*, et les tomes II à V : *Revue des Sociétés savantes*, publiée, etc.

1ʳᵉ série.............	5 volumes	(1856-1858).
2ᵉ................	8 —	(1859-1862).
3ᵉ................	4 —	(1863-1864).
4ᵉ................	10 —	(1865-1869).
5ᵉ................	8 —	(1870-1874).
6ᵉ................	8 —	(1875-1878).
7ᵉ................	6 —	(1879-1882).

125. Table générale des Bulletins du Comité des travaux historiques et de la Revue des Sociétés savantes, par M. Octave TEISSIER. Paris, 1873, in-8°, XII et 331 pages.

> Cette table embrasse les différents *Bulletins* et *Revues* du Comité jusqu'à la fin de la 4ᵉ série de la *Revue des Sociétés savantes* (1869).

126. Ministère de l'instruction publique et des beaux-arts. — Bulletin du Comité des travaux historiques et scientifiques; section d'histoire, d'archéologie et de philologie. Années 1882 et 1883. Paris, 1882-1883, 2 vol. in-8°, II-474 et 235 pages.

127. Bulletin historique et philologique du Comité des travaux historiques et scientifiques. Années 1883-1897. Paris, 1883-1897, 15 vol. in-8°.

> Les deux premiers volumes portent pour titre : *Bulletin du Comité des travaux historiques, section d'histoire et de philologie.*

128. Bulletin archéologique du Comité des travaux historiques et scientifiques. Années 1883-1897. Paris, 1883-1897, 15 vol. in-8°.

> Les deux premiers volumes portent pour titre : *Bulletin du Comité des travaux historiques et scientifiques*, publié sous les auspices du Ministère de l'instruction publique et des beaux-arts. — *Archéologie.*

129. Mémoires lus à la Sorbonne dans les séances extraordinaires du
     Comité impérial des Travaux historiques et des Sociétés sa-
     vantes : Histoire, philologie et sciences morales. — Archéo-
     logie (1861-1868). Paris, 1863-1869, 7 et 7 vol. in-8°.

130. Ministère de l'instruction publique et des cultes. — Réper-
     toire des travaux historiques, contenant l'analyse des pu-
     blications faites en France et à l'étranger sur l'histoire, les
     monuments et la langue de la France, 1re, 2e et 3e années,
     1881-1883. Paris, 1882-1888, 3 vol. in-8°, viii-1286,
     1535 et 1491 pages.

131. Bibliographie générale des travaux historiques et archéolo-
     giques publiés par les Sociétés savantes de la France, dressée
     sous les auspices du Ministère de l'instruction publique par
     Robert de Lasteyrie, Eugène Lefèvre-Pontalis et E.-S. Bou-
     genot. Paris, 1888-1897, 2 vol. et 1 fasc. in-4°, xi-707,
     ii-740 et 176 pages.

> En cours de publication. — Cf. plus loin sous le n° 160 la *Bibliographie
> générale des travaux scientifiques*.

IV

DESCRIPTION DE L'AFRIQUE DU NORD.

132. Ministère de l'instruction publique. — Exploration scientifique
     de la Tunisie. Géographie comparée de la province romaine
     d'Afrique, par Charles Tissot [et Salomon Reinach], Paris,
     1884-1888, 2 vol. in-4°, viii-697 et xxxviii-868 pages, avec
     un atlas in-4° de ii pages et 22 planches.

> 2e tirage de l'atlas, 1891.

133. Description de l'Afrique du Nord, entreprise par ordre de M. le
     Ministre de l'instruction publique et des beaux-arts. —
     Atlas archéologique de la Tunisie. Édition spéciale des cartes
     topographiques publiées par le Ministère de la guerre, ac-
     compagnée d'un texte explicatif par MM. E. Babelon, R. Ca-
     gnat, S. Reinach. Paris, 1892-1896, 4 livraisons grand in-
     folio avec cartes.

134. Musées et collections archéologiques de l'Algérie et de la Tunisie, publiés sous la direction de M. R. de La Blanchère. Paris, 1890-1895, 5 vol. grand in-4°.

> I. Musée d'*Alger*, par Georges Doublet (1890), 109 pages et 17 planches.
>
> II. Musée de *Cherchel*, par Paul Gauckler (1895), 177 pages et 21 planches.
>
> III. Musée de *Constantine*, par Georges Doublet et Paul Gauckler (1892), 129 pages et 14 planches.
>
> IV. Musée de *Lambèse*, par R. Cagnat (1895), 95 pages et 7 planches.
>
> V. Musée d'*Oran*, par M. R. de La Blanchère (1893), 87 pages et 7 planches.

135. Description de l'Afrique du Nord, entreprise par ordre de M. le Ministre de l'instruction publique et des beaux-arts. — Catalogue des musées et collections archéologiques de l'Algérie et de la Tunisie. Musée Alaoüi, par feu Du Coudray-La Blanchère et P. Gauckler. Paris, 1897, gr. in-8°, 112 pages et 24 planches.

> Premier fascicule. — M. de La Blanchère avait précédemment publié les *Collections du Musée Alaoüi* [régence de Tunis]. Paris, 1890-1893, 12 livraisons in-4°.

136. Mission à Carthage, par E. de Sainte-Marie, ouvrage publié sous les auspices du Ministère de l'instruction publique. Paris, 1884, gr. in-8°, 234 pages, figures, carte et plan.

137. L'armée romaine d'Afrique et l'occupation militaire de l'Afrique sous les Empereurs, par M. René Cagnat. Paris, 1892, in-4°, XXIV-811 pages, planches et cartes.

138. Timgad, une cité africaine sous l'Empire romain, par E. Boeswillwald, A. Ballu et R. Cagnat. Ouvrage publié par les soins de la Commission de l'Afrique du Nord, d'après les documents, plans et dessins de la Commission des monuments historiques. Paris, 1892-1897, 5 livraisons, gr. in-4°, XXIII-215 pages et 26 planches.

139. Fastes des provinces africaines (Proconsulaire, Numidie, Maurétanies) sous la domination romaine, par A.-Clément Pallu de Lessert. Tome I. République et Haut-Empire. Paris, 1896-1897, in-4°, VIII-571 pages.

140. Recherches archéologiques en Algérie, par Stéphane Gsell, avec des planches exécutées par Pierre Gavault. Paris, 1893, in-8°, 434 pages et 8 planches.

141. L'Afrique byzantine; histoire de la domination byzantine en Afrique (533-709), par Charles Diehl. Paris, 1896, in-8°, xv-644 pages, figures.

II

SECTION DES SCIENCES ÉCONOMIQUES ET SOCIALES.

142. Histoire économique de la propriété, des salaires, des denrées, et de tous les prix en général, depuis l'an 1200 jusqu'en l'an 1800, par le vicomte G. d'Avenel. Paris, 1894, 2 vol. in-8°, xxvii-726 et 916 pages et planche.

143. Enquête sur les conditions de l'habitation en France; les maisons types; avec une introduction par M. Alfred de Foville, membre de l'Institut. Paris, 1894, in-8°, li-381 pages, carte et figures.

144. Ministère de l'instruction publique et des beaux-arts. — Bulletin du Comité des travaux historiques et scientifiques; Section des sciences économiques et sociales. Années 1883-1897. Paris, 1883-1897, 15 vol. in-8°.

Il faut y joindre depuis 1895 des comptes rendus annuels du *Congrès des Sociétés savantes de 1895 [1896 et 1897]*. Paris, 1895-1897, 3 vol. in-8°.

III

SECTION DES SCIENCES.

145. Œuvres complètes d'Augustin Cauchy, publiées sous la direction scientifique de l'Académie des sciences et sous les auspices de M. le Ministre de l'instruction publique. Paris, 1882-1897, 14 vol. in-4°.

1re série. Mémoires, notes et articles extraits des recueils de l'Académie des Sciences. Tome I (1882), vii-509 pages; tome IV (1884), 525 pages; tome V (1885), 507 pages; tome VI (1888), 474 pages; tome VII (1892), 446 pages; tome VIII (1893), 456 pages; tome IX (1896), 510 pages; tome X (1897), 488 pages. (En cours de publication.)

2ᵉ série. Mémoires divers. Tome III (1897), 476 pages; tome VI (1887), 424 pages; tome VII (1889), 432 pages; tome VIII (1890), 428 pages; tome IX (1891), 452 pages; tome X (1895), 467 pages. (En cours de publication.)

146. Œuvres de Descartes, publiées par Charles Adam et Paul Tannery, sous les auspices du Ministère de l'instruction publique. Paris, 1897, in-4°, cv et 589 pages.

Tome I. Correspondance, I. Avril 1622-février 1638. (En cours de publication.)

147. Œuvres de Fermat, publiées par les soins de MM. Paul Tannery, et Charles Henry, sous les auspices du Ministère de l'instruction publique. Paris, 1891-1894, 2 vol. in-4°, xxxvii-440 et xii-514 pages.

148. Œuvres de Fourier, publiées par les soins de M. Gaston Darboux, sous les auspices du Ministère de l'instruction publique. Paris, 1888-1890, 2 vol. in-4°, xxviii-563 et xiii-636 pages, avec portrait.

Tome I : Théorie analytique de la chaleur. — Tome II : Mémoires publiés dans divers recueils.

149. Œuvres complètes d'Augustin Fresnel, publiées par MM. Henri de Senarmont, Émile Verdet et Léonor Fresnel. Paris, 1866-1870, 3 vol. in-4°, xcix-805, 865 et 751 pages, avec 18 planches et portrait.

150. Œuvres de Lagrange, publiées par les soins de M. J.-A. Serret et de M. Gaston Darboux. Paris, 1867-1889, 12 volumes in-4°.

Tome I (1867), li-733 pages; tome II (1868), 727 pages; tome III (1869), 750 pages; tome IV (1869), 797 pages; tome V (1870), 720 pages; tome VI (1873), 818 pages; tome VII (1877), 626 pages: tome VIII (1879), 370 pages; tome IX (1881), 427 pages; tome X (1884), 455 pages; tome XI (1888), 502 pages; tome XII (1889), viii-391 pages.

151. Œuvres complètes de Laplace, publiées sous les auspices de l'Académie des Sciences par MM. les Secrétaires perpétuels. Paris, 1878-1895, 11 volumes in-4°.

Tomes I-V. Traité de mécanique céleste (1878-1882), xxi-395 pages et portr., xvi-402, xvii-350, xxxvi-501 et ix-508 pages. — Tome VI. Expo-

sition du système du monde (1884), viii-509 pages. — Tome VII. Théorie
des probabilités (1886), clxxiv-465 pages. — Tomes VIII-XI. Mémoires
extraits des recueils de l'Académie des Sciences (1891-1895), 501, 485,
419 et 558 pages.

152. OEuvres de Lavoisier, [publiées par les soins de M. J.-B. Du-
mas]. Paris, 1864-1893, 6 vol. in-4°,

> Tome I, xi-728 pages et 16 planches; tome II, 828 pages et 8 planches;
> tome III, 795 pages et 12 planches; tome IV, 775 pages et 4 planches;
> tome V, 749 pages et 12 planches; tome VI, 717 pages.

153. Collection des anciens alchimistes grecs, publiée sous les auspices du Ministère de l'instruction publique, par M. Berthelot, avec la collaboration de Ch.-Ém. Ruelle. Paris, 1888,
3 vol. in-4°, xxx-284, x-477 et 458 pages.

154. Histoire des sciences. — La chimie au moyen âge; ouvrage publié sous les auspices du Ministère de l'instruction publique,
par M. Berthelot. Paris, 1893, 3 vol. in-4°, 453, xlviii-407
et 255-208 pages.

> Tome I : Essai sur la transmission de la science antique au moyen âge,
> doctrines et pratiques chimiques. — Tome II : L'alchimie syriaque, avec
> la collaboration de M. Rubens Duval. — Tome III : L'alchimie arabe, avec
> la collaboration de M. O. Houdas.

155. Histoire des sciences. — Les lapidaires de l'antiquité et du
moyen âge; ouvrage publié sous les auspices du Ministère
de l'instruction publique et de l'Académie des Sciences, par
F. de Mély. Tome I. Les lapidaires chinois; introduction,
texte et traduction, avec la collaboration de M. H. Cour-
Paris, 1896, in-4°, lxvi-300 et 144 pages.

> Tome II : Les lapidaires grecs, par MM. F. de Mély et Ch.-Ém. Ruelle
> (sous presse). — Tome III : Les lapidaires arabes, par MM. F. de Mély
> et H. Courel (en préparation).

156. Revue des Sociétés savantes, publiée sous les auspices du Ministère de l'instruction publique. — Sciences mathématiques,
physiques et naturelles. Paris, 1862-1880, 20 vol. in-8°.

> 1re série............... 6 volumes (1862-1866).
> 2e.................... 11 — (1867-1877).
> 3e.................... 3 — (1878-1880).

157. Revue des travaux scientifiques, publiée par le Ministère de l'instruction publique. Paris, 1881-1897, 17 vol. in-8°.

> Il y faut joindre, depuis 1896, des *Comptes rendus du Congrès des sociétés savantes de Paris et des départements, tenu à la Sorbonne en 1896 et 1897. Section des sciences.* Paris, 1896-1897, 2 vol. in-8°.

158. Ministère de l'Instruction publique. — Table générale de la Revue des Sociétés savantes, par M. Eugène Hugot. — Sciences mathématiques, physiques et naturelles. Paris, 1885, in-8°, [IV] et 303 pages.

> Cette table embrasse les 1ᵉ, 2ᵉ et 3ᵉ séries de la *Revue des sociétés savantes,* publiées de 1862 à 1880.

159. Bibliographie des travaux scientifiques (sciences mathématiques, physiques et naturelles), publiés par les Sociétés savantes de la France, dressée sous les auspices du Ministère de l'instruction publique, par J. Deniker. Paris, 1895-1897, 2 fasc. in-4°, III-400 pages. (En cours de publication.)

IV

SECTION DE GÉOGRAPHIE HISTORIQUE
ET DESCRIPTIVE.

160. Mission scientifique en Cappadoce (1893-1894). Recherches archéologiques dans l'Asie centrale, par Ernest Chantre. — (*Sous presse.*)

161. Mission scientifique en Perse, par J. de Morgan. Paris, 1894-1897, 4 vol. in-4°, et atlas in-folio.

> Tomes I et II. Études géographiques (1894-1895), 2 vol., XXXVI-428 pages et 58 planches, 334 pages et CXXX planches.
>
> Tome III. Études géologiques; partie II, Paléontologie, par MM. G. Cotteau, V. Gauthier et H. Douvillé (1895), 142 pages et 16 planches. (La 1ʳᵉ partie est *sous presse.*)
>
> Tome IV. Recherches archéologiques, 1ʳᵉ et 2ᵉ parties (1896-1897), XI-401 pages et LXVI planches.
>
> Atlas. Cartes des rives méridionales de la mer Caspienne, du Kurdistan, du Moukri et de l'Élam (1895), 16 cartes.

162. J.-L. Dutreuil de Rhins. L'Asie centrale (Thibet et régions limitrophes). Paris, 1889, gr. in-4°, xvi-620 pages, et atlas gr. in-fol. de 14 cartes.

163. J.-L. Dutreuil de Rhins. Mission scientifique dans la Haute Asie, 1890-1895, 1ʳᵉ partie; récit du voyage (19 février 1891-22 février 1895). Paris, 1897, in-4°, xv-454 pages, 56 planches, portrait et cartes.

> Publié par M. F. Grenard. — Le deuxième volume est *sous presse.*

164. Mission Pavie. Exploration générale de l'Indo-Chine; mémoires et documents publiés par les membres de la mission sous la direction de MM. Pavie et Pierre Lefèvre-Pontalis. Paris, 1894, 3 fascicules, in-4°.

> Tome Iᵉʳ : 1ᵉʳ fascicule, *Archéologie et histoire.* Introduction. — L'Indo-Chine à l'époque préhistorique. Inscriptions recueillies au Siam et au Laos, xx-183 pages et 31 planches. — Tome II : 1ᵉʳ fascicule, *Littérature et linguistique.* Textes cambodgiens, siamois, laotiens, publiés et traduits en français, xi-272 pages et planches. — 2ᵉ fascicule, *Dictionnaire laotien,* par M. Massie, iii-127 pages.

165. L'île Formose, histoire et description, par C. Imbault-Huart; précédé d'une introduction bibliographique par M. Henri Cordier. Paris, 1893, in-4°, lxxxiv-323 pages, planches et carte.

166. La sculpture sur pierre en Chine au temps des deux dynasties Han, par Édouard Chavannes. Paris, 1893, in-4°, xl-88 pages et 54 planches.

167. Les séricigènes sauvages de la Chine, par Albert-A. Fauvel. Paris, 1895, in-4°, 153 pages et 10 planches.

---

168. La Turquie d'Asie, géographie administrative, statistique descriptive et raisonnée de chaque province de l'Asie Mineure, par Vital Cuinet. Paris, 1891-1895, 4 vol. in-8°, xx-892, 884, 781, 716 pages et cartes.

> *Syrie, Liban et Palestine,* du même auteur (Paris, 1896, 1 vol. in-8°), ne fait pas partie des publications de la Section de géographie.

169. Mission scientifique au Caucase, études archéologiques et historiques, par J. de Morgan. Paris, 1889, 2 vol. in-8°, iii-231 et iv-307 pages, vii et xvi planches ou cartes.

> Tome Iᵉʳ : Les premiers âges des métaux dans l'Arménie russe. — Tome II : Recherches sur les origines des peuples du Caucase.

170. Géologie de l'Indo-Chine, par M. A. Petiton. Paris, 1895, in-8°, xvii-353 pages, et atlas in-fol. de 8 planches ou cartes en couleurs.

171. C. Paris. Voyage d'exploration de Hué en Cochinchine par la route mandarine, avec 6 cartes en couleurs et 12 gravures. Paris, 1889, in-8°, vi-301 pages, 24 pages et 6 cartes.

172. Ministère de l'instruction publique et des beaux-arts. — Comité des travaux historiques et scientifiques. Bulletin de géographie historique et descriptive. Années 1886-1897. Paris, 1887-1897, 11 vol. in-8°.

II

SERVICE

DES MISSIONS SCIENTIFIQUES

ET LITTÉRAIRES.

———

L'organisation des Missions scientifiques et littéraires, considérées comme service public, date de l'année 1842 et a été réalisée par M. Villemain, alors Ministre de l'instruction publique. Sous l'Empire ce service releva tantôt du Ministère de l'instruction publique, tantôt du Ministère de la maison de l'Empereur; les missions étaient accordées par le Ministre sur la proposition du chef de la division des sciences et des lettres. Cet état de choses dura jusqu'à l'année 1874, à partir de laquelle la Commission des voyages et missions scientifiques fut instituée au Ministère de l'instruction publique. Son influence sur l'expansion des voyages fut considérable. Elle se manifesta non seulement dans le nombre des missions exécutées et dans leur importance individuelle, mais on la constata aussi dans leur choix, dans leur ordre, dans leur utilité, dans leur réglementation, dans leur équilibre et par suite dans leurs résultats pratiques.

1. Archives des missions scientifiques et littéraires, publiées sous les auspices du Ministère de l'instruction publique et des cultes. Paris, 1855-1890, 31 vol. in-8°.

> 1re série, tomes I à VIII (1855-1859).
> 2e — — I à VII (1864-1872).
> 3e — — I à XV (1873-1889).

Tome XV bis, *Table générale* des trois séries, par M. S. Bougenot (1890). Cette table est précédée d'une liste chronologique des missions données depuis le 8 novembre 1871 jusqu'au 1er janvier 1889, avec un appendice de 1833 à 1888. — Le détail du contenu des *Archives des missions* a été donné par M. R. de Lasteyrie dans la *Bibliographie des travaux historiques et archéologiques publiés par les Sociétés savantes*, n°s 44399 et suiv.

2. Nouvelles archives des Missions scientifiques et littéraires; choix
de rapports et instructions, publié sous les auspices du Ministère de l'instruction publique et des beaux-arts. Paris,
1891-1896, 8 vol. in-8°.

A

Missions archéologiques.

3. Le Mont-Olympe et l'Acarnanie; exploration de ces deux régions,
avec l'étude de leurs antiquités, de leurs populations anciennes et modernes, de leur géographie et de leur histoire;
ouvrage accompagné de planches, par L. Heuzey; publié sous
les auspices du Ministère de l'instruction publique. Paris,
1860, in-8°, 496 pages et 16 planches.

4. Mission archéologique de Macédoine, par Léon Heuzey et H. Dau-
met,.... publié sous les auspices du Ministère de l'instruction publique. Paris, 1876, grand in-4°, [vi-]xiii-470 pages,
34 planches et 8 cartes.

> Il avait paru précédemment un *Catalogue de la mission de Macédoine et de
> Thessalie, dirigée par M. Léon Heuzey, avec la coopération de M. Daumet,*
> Paris, 1862, in-12, 33 pages.

5. Exploration archéologique de la Galatie et de la Bithynie, d'une
partie de la Mysie, de la Phrygie, de la Cappadoce et du
Pont, exécutée en 1861 et publiée sous les auspices du Ministère de l'instruction publique, par Georges Perrot, Edmond Guillaume et Jules Delbet. Paris, 1862-1872, 2 vol.
in-fol.

> Tome I. Texte, 392 pages. — Tome II. Planches et cartes, 2 pages,
> 80 planches et 7 cartes. — Il avait paru précédemment un *Catalogue des
> objets provenant de la mission d'Asie Mineure, dirigée par M. Georges Perrot,
> avec la coopération de MM. E. Guillaume et J. Delbet. Paris, 1862, in-12,*
> 20 pages.

6. Milet et le Golfe Latmique, Tralles, Magnésie du Méandre,
Priène, Milet, Didymes, Héraclée du Latmos; fouilles et explo-
rations archéologiques faites aux frais de MM. les barons G. et
E. de Rothschild et publiées sous les auspices du Ministère de
l'instruction publique et des beaux-arts, par Olivier Rayet et
Albert Thomas. Paris, 1877-1880, 2 vol. in-4°, 180; 24 pages
et atlas de 52 planches.

7. Mission de Phénicie, dirigée par M. Ernest Renan. Paris, 1864, gr. in-4°, 887 pages, et atlas de 70 pl., gr. in-fol.

> Les planches ont été exécutées sous la direction de M. Thobois, architecte. — Il avait paru précédemment deux éditions d'un *Catalogue des objets provenant de la mission de Phénicie, dirigée par M. E. Renan.* Paris, 1862, in-12, 35 pages.

8. Découvertes en Chaldée, par Ernest de Sarzec; ouvrage, accompagné de planches, publié par les soins de Léon Heuzey. Paris, 1884-1889, 184-xxiv pages et 56 planches.

9. L'art antique de la Perse, Achéménides, Parthes, Sassanides, par Marcel Dieulafoy. Paris, 1884-[1889], 5 parties en 3 vol. gr. in-4°.

> 1re partie. Monuments de la vallée du Polvar-Roud (1884), iii-63 pages et 20 planches. — 2e partie. Monuments de Persépolis (1884), 92 pages et 22 planches. — 3e partie. La sculpture Persépolitaine (1885), 108 pages et 19 planches. — 4e partie. Les monuments voûtés de l'époque Achéménide (1885), 87 pages et 20 planches. — 5e partie. Monuments Parthes et Sassanides (s. d. [1889]), 239 pages et 22 planches.

* Mission scientifique au Caucase, par J. de Morgan (1889). — Voir p. 36.

* Mission scientifique en Perse, par J. de Morgan (1894-1897). Voir p. 35.

10. Le Sérapeum de Memphis, par Auguste Mariette-Pacha, publié d'après le manuscrit de l'auteur par G. Maspero. Tome I. Paris, 1882, gr. in-8°, 201 pages et 2 plans.

11. Les Mastabas de l'ancien Empire, fragment du dernier ouvrage de A. Mariette, publié d'après le manuscrit de l'auteur par G. Maspero. Paris, 1889, gr. in-8°, 592 pages.

12. Recherches sur les origines de l'Égypte, par J. de Morgan. Paris, 1896-1897, 2 vol. in-8°.

> I. L'âge de la pierre et les métaux, 282 pages et 11 planches. — II. Ethnographie préhistorique et tombeau royal de Négadah, avec la collaboration de MM. le professeur Wiedemann, G. Jéquier et le dr Fouquet, ix-395 pages et 5 planches.

13. Mémoires publiés par les membres de la Mission archéologique française au Caire, sous la direction de M. Maspero, de M. Grébaut et de M. Bouriant. Paris, 1884-1897, 21 vol. in-4°.

Tome I, 1ᵉʳ fascicule : U. Bouriant. Deux jours de fouilles à Tell-el-Amarna. — V. Loret. Le tombeau de l'Am-Xent Amen-Hotep. — U. Bouriant. L'église copte du tombeau de Déga. — H. Dulac. Quatre contes arabes en dialecte cairote. — V. Loret. La tombe de Khâ-m-hâ (1884), p. 1-132 et 4 planches.

— 2ᵉ fascicule : G. Maspero. Trois années de fouilles. — U. Bouriant. Les papyrus d'Akhmîm. — V. Loret. Quelques documents relatifs à la littérature et à la musique populaires de la Haute-Égypte (1885), p. 133-366 et 4 planches.

— 3ᵉ fascicule : U. Bouriant. Rapport au Ministre de l'instruction publique sur une mission dans la Haute-Égypte (1884-1885). — P. Ravaisse. Essai sur l'histoire et sur la topographie du Caire d'après Makrîzî (Palais des khalifes fatimites). — Ph. Virey. Étude sur un parchemin rapporté de Thèbes (1887), p. 367-510, 4 planches et 3 cartes.

— 4ᵉ fascicule : G. Maspero. Les momies royales de Déir el-Bahari (1889), pages 511-789 et 27 planches.

Tome II : Les hypogées royaux de Thèbes, par M. E. Lefébure. — Première division, publiée in extenso avec la collaboration de MM. U. Bouriant et V. Loret, et avec le concours de M. Édouard Naville (1886), 31 pages et 136 planches.

Tome III, 1ᵉʳ fascicule : Les hypogées royaux de Thèbes, par E. Lefébure. — Seconde division : Notices des hypogées, publiées avec la collaboration de MM. Ed. Naville et Ern. Schiaparelli (1889), 191 pages et 74 planches.

— 2ᵉ fascicule : Les hypogées royaux de Thèbes, par M. E. Lefébure. — Troisième division : Tombeau de Ramsès IV (1889), 14 pages et 42 planches.

— 3ᵉ fascicule : Les monuments coptes du musée de Boulaq, par Al. Gayet (1889), pages 1-30 et 95 planches.

— 4ᵉ fascicule : P. Ravaisse. Essai sur l'histoire et la topographie du Caire (2ᵉ partie). — Al. Gayet. Supplément aux monuments coptes du musée de Boulaq (1890), p. 33-119 et 8 planches.

Tome IV, 1ᵉʳ et 2ᵉ fascicules : Monuments pour servir à l'histoire de l'Égypte chrétienne aux IVᵉ et Vᵉ siècles, par E. Amélineau (1888-1895), xciv et 840 pages.

Tome V, 1ᵉʳ fascicule : Le tombeau de Rekhmara, préfet de Thèbes sous la XVIIIᵉ dynastie, par Ph. Virey (1889), 195 pages et 44 planches.

— 2ᵉ fascicule : Sept tombeaux thébains de la XVIIIᵉ dynastie, par Ph. Virey (1891), pages 196-380.

— 3ᵉ fascicule : G. Bénédite. Le tombeau de la reine Thiti. — U. Bouriant. Le tombeau de Harmhabi; Le tombeau de Montou Hikhoposhouf; Le tombeau de Nakhti. — E. Chassinat. Note sur une porte du tombeau de Harmhabi. — G. Bénédite. Le tombeau de Neferhotpou (1893), pages 381-488 et 24 planches.

— 4° fascicule : V. Scheil. Tombeaux thébains de Mâi, des graveurs Rat'eserkasenb Parî, Djanni, Apoui, Montou-m-hat, Aba (1894), pages 541-657 et 25 planches.

Tome VI, 1er fascicule : Fragments de la version thébaine de l'Ancien Testament, par G. Maspero (1892), pages 1-160.

— 2° fascicule : G. Maspero. Fragments de la version thébaine de l'Ancien Testament. — Fr. V. Scheil. Tablettes d'El-Amarna. — P. Casanova. Une sphère céleste de l'an 684 de l'hégire. Notice sur les stèles arabes appartenant à la mission du Caire (1892), pages 166-336.

— 3° fascicule : P. Casanova. Catalogue des pièces de verre des époques byzantine et arabe de la collection Fouquet. — Les derniers Fâtimides. Karâkouch. — L'historien Ibn 'Abd Adh-Dhahir (1893), pages 337-507 et 4 planches.

— 4° et 5° fascicules : P. Casanova. Histoire et description de la citadelle du Caire (1894-1897), pages 509-781 et 17 planches.

Tome VII : Précis de l'art arabe et matériaux pour servir à l'histoire, à la théorie et à la technique des arts de l'Orient musulman, par J. Bourgoin [1889-]1892. — 1re série : L'architecture, 16 pages et 90 planches. — 2° série : Les applications, 22 pages et 60 planches. — 3° série : La menuiserie, 25 pages et 100 planches. — 4° série : Les manuscrits, 9 pages et 50 planches.

Tome VIII, 1er fascicule : La bibliothèque du Deïr-Amba-Shenoudi. Deuxième partie : Actes du Concile d'Éphèse; texte copte publié et traduit par U. Bouriant (1892), pages 1-143.

— 2° fascicule : U. Bouriant. L'éloge de l'Apa Victor, fils de Romanos; texte copte-thébain. — Daressy. Recueil de cônes funéraires (1893), pages 145-352.

— 3° fascicule : J. de Morgan, Bouriant et Legrain. Les carrières de Ptolémaïs. — Daressy. La grande colonnade du temple de Louxor (1894), pages 353-391 et 16 planches.

Tome IX, 1er fascicule : J. Baillet. Le papyrus mathématique d'Akhmîm. — U. Bouriant. Fragments du texte grec du livre d'Énoch et de quelques écrits attribués à Saint-Pierre (1892), pages 1-147 et 8 planches.

Tome IX, 2° fascicule : V. Scheil, O. P. Deux traités de Philon. Φίλωνος περὶ τοῦ τίς ὁ τῶν θείων ἐστὶν κληρονόμος, ἢ περὶ τῆς εἰς τὰ ἴσα καὶ ἐναντία τομῆς. — Φίλωνος περὶ γενέσεως Ἀβὲλ καὶ ὧν αὐτός τε καὶ ὁ ἀδελφὸς ἱερουργοῦσι (1893), VIII pages, pages 148-216 et 4 planches.

— 3° fascicule : Reproduction en héliogravure du manuscrit d'Énoch et des écrits attribués à Saint-Pierre, avec introduction de M. A. Lods (1893), pages 217-335 et 34 planches.

Tomes X et XI : Marquis de Rochemonteix. Le temple d'Edfou; publié in extenso d'après les estampages et les copies par Émile Chassinat (1892-1897), pages 1-592 et 46 planches. (En cours de publication.)

Tome XII, 1ᵉʳ fascicule : D. Mallet. Les premiers établissements des Grecs en Egypte, viiᵉ et viᵉ siècles (1893), vi pages et pages 1-499.

Tome XIII, 1ᵉʳ et 2ᵉ fascicules, et tome XIV : Description et histoire de l'île de Philae. Première partie : Textes hiéroglyphiques relevés et publiés par M. Georges Bénédite (1893-1895), pages 1-152 et 65 planches. (En cours de publication.)

Tome XV : Le temple de Louxor. Premier fascicule : Constructions d'Amenophis III; cour d'Amenophis; salle hypostyle; salle des offertoires; salle du *Lever* et sanctuaire de Maut, par Al. Gayet (1894), iv-124 pages et 75 planches.

Tome XVI : Tell El-Amarna, publié par U. Bouriant, Jéquier, Legrain, etc. (*Sous presse.*)

Tome XVII, 1ᵉʳ fascicule : Maqrizi. Description topographique et historique de l'Égypte, traduite en français par U. Bouriant (1895), xiv pages et pages 1-370.

Tome XVIII, 1ʳᵉ livraison : Tombeaux thébains; le tombeau d'Anna, par H. Boussac (1896), 16 planches en couleur, gr. in-folio.

Tome XIX, 1ᵉʳ et 2ᵉ fascicules : Max Van Berchem. Matériaux pour un *Corpus inscriptionum arabicarum.* Première partie : Égypte; fascicules 1-2 : Le Caire (1894-1896), xx pages, pages 1-292 et 33 planches.

Tome XX : Le temple de Medinet-Abou, par U. Bouriant. (*Sous presse.*)

Tome XXI, 1ᵉʳ fascicule : Le tombeau de Ti, par G. Maspero. (*Sous presse.*)

14. Annales du musée Guimet. Tomes I-XXIX. Paris, 1880-1897, 29 vol. in-4°.

Tome I. Mélanges : Rapport au ministre. — Le Mandara (extrait du catalogue du Musée). — Le mythe de Vénus, par M. Hignard. — De l'usage des bâtons de main, par M. Chabas. — Un ostracon égyptien, par M. E. Naville. — Races connues des Égyptiens, par M. E. Lefébure. — Tableau de Kâli-Youg, par M. Garcin de Tassy. — Le pessimisme brahmanique, par M. Paul Regnaud. — Le dix-septième chapitre du Nâtya-Çastra (restitution de texte), par M. Regnaud. — Visites des premiers Bouddhas dans l'île de Lanka, par le Rév. C. Alwis, traduit de l'anglais par M. de Milloué. — Voyage au Yun-nan, par M. J. Dupuis. — Exégèse chinoise, par M. E. Philastre. — Le Feng-Shoui, par le Dʳ Eitel, traduit de l'anglais par M. de Milloué. — Shidda, traduit du japonais, par M. Ymaïzoumi et M. Yamata. — Conférence entre la secte Sin-siou et la mission scientifique française, par MM. Ymaïzoumi, Tomii et Yamata. — Note sur les cours de langues orientales à Lyon (1880), 186 pages et 9 planches.

Tome II. Mélanges : Textes sanscrits découverts au Japon. Lecture faite devant la Royal Asiatic Society of Great Britain and Ireland, par M. F.-Max Müller, traduit de l'anglais par M. de Milloué, revu, corrigé et annoté par l'auteur. — O-mi-to-king ou Soukhavâti-vyouha-Soutra, d'après la version chinoise de Koumarajiva, traduit du chinois par MM. Ymaïzoumi et Yamata. La métrique de Bhârâta, texte sanscrit de deux chapitres du Nâtya-Çastra, publié pour la première fois et suivi d'une interprétation française par M. Paul Regnaud. — Analyse du Kandjour et du Tandjour, recueils des Livres sacrés du Tibet, par Alexandre Csoma de Korös, traduite de l'anglais et augmentée de diverses additions et remarques par M. Léon Feer (1881), 577 pages.

Tome III. Le Bouddhisme au Tibet, précédé d'un résumé des précédents systèmes bouddhiques dans l'Inde, par Em. de Schlagintweit, traduit de l'anglais par L. de Milloué (1881), xxxviii-292 pages et 41 planches.

Tome IV. Mélanges : Le puits de Deïr-el-Bahari. Notice sur les récentes découvertes faites en Égypte, par E. Lefébure. — Notice sur une table à libations de la collection de M. Émile Guimet, par F. Chabas. — Hercule phallophore, dieu de la génération, par le Dr Alexandre Colson. — Le Pan-tcha-tantra, ou le Grand recueil des fables de l'Inde ancienne, considéré au point de vue de son origine, de sa rédaction, de son expansion et de la littérature à laquelle il a donné naissance, par Paul Regnaud. — La religion en Chine, exposé des trois religions des Chinois, suivi d'observations sur l'état actuel et l'avenir de la propagande chrétienne parmi ce peuple, par le Révérend Dr J. Edkins, D. D.; traduit de l'anglais par L. de Milloué (1882), 315 pages et 11 planches.

Tome V. Fragments extraits du Kandjour, traduits du tibétain par Léon Feer (1883), xiii-577 pages.

Tome VI. Le Lalita-Vistara, ou Développement des jeux, contenant l'histoire du Bouddha Çâkya-Mouni depuis sa naissance jusqu'à sa prédication, traduit du sanscrit en français. Première partie : Traduction française par Ph.-Ed. Foucaux (1884), xiii-406 pages et 4 planches.

Tome VII. Mélanges : Brâhmakarma, ou Rites sacrés des brahmanes, traduit pour la première fois du sanscrit en français par A. Bourquin. — Dharmasindhu, ou Océan des rites religieux, par le prêtre Kâshinâtha, traduit du sanscrit et commenté par A. Bourquin, traduit de l'anglais par L. de Milloué. — Quelques remarques sur la secte çivaïte chez les Indous de l'Inde méridionale, par E.-S.-W. Sénâthi-Râja. — Les coquilles sacrées dans les religions indoues, par Arnoul Locard. — Dâthâvança, ou histoire de la dent relique du Buddha Gautama, poème épique pali de Dhammakitti, traduit en français d'après la version anglaise de Sir Mutu Coomâra Swâmy, par L. de Milloué. — Mémoire sur l'histoire de la dent relique de Ceylan, précédé d'un essai sur la vie et la religion de Gautama-Buddha, par J. Gerson da Cunha, traduit de l'anglais et annoté par L. de Milloué. — Études phonétiques et morphologiques dans le domaine des langues indo-européennes et particulièrement en ce qui regarde le sanskrit, par Paul Regnaud (1884), 511 pages et 6 planches.

Tome VIII. Le Yi-king, ou Livre des changements de la dynastie des Tsheou, traduit pour la première fois du chinois en français par P.-L.-F. Philastre. Première partie (1885), 490 pages.

Tome IX. Les hypogées royaux de Thèbes, par M. E. Lefébure. Première division : Le tombeau de Séti Ier, publié *in extenso* avec la collaboration de MM. U. Bouriant et V. Loret et avec le concours de M. Ed. Naville (1886), 30 pages et 55 planches.

Tome X. Mélanges : La stèle de Palenqué du musée national des États-Unis, par le D^r Ch. Rau ; traduit de l'anglais. — Idoles de l'Amazone, par José Verissimo. — Sculptures de Santa Lucia Cosumalwhuapa dans le Guatémala, avec une relation de voyages dans l'Amérique centrale et sur les côtes occidentales de l'Amérique du Sud, par S. Habel, M. D., traduit de l'anglais par J. Pointel. — Notice sur les pierres sculptées du Guatémala récemment acquises par le musée de Berlin, par le Dr A. Bastian ; traduit de l'allemand par J. Pointel. — Le Shintoïsme, sa mythologie, sa morale, par M. A. Tomii. — Les idées philosophiques et religieuses des Jaïnas, par S.-J. Warren, traduit du hollandais par J. Pointel. — Étude sur le mythe de Vrishabha, le premier tîrthmamkara des Jains, par L. de Milloué. — La question des aspirées en sanskrit et en grec, par Paul Regnaud. — Sur l'origine des radicaux sanscrits *sdd-*, *std-*, *sdd-*, par Paul Regnaud. — Le dialogue de Çuka et de Rambha sur l'amour et la science suprême, par J. Grandjean. — Deux inscriptions phéniciennes inédites de la Phénicie propre, par C. Clermont-Ganneau. — La tombe d'un ancien égyptien, par V. Loret. — Les quatre races dans le ciel inférieur des Égyptiens, par le Dr J. Lieblein. — Un des procédés du démiurge égyptien, par E. Lefébure. — Mâa, déesse de la vérité, et son rôle dans le panthéon égyptien, par le Dr A. Wiedemann. — Le galet inscrit d'Antibes, offrande phallique à Aphrodite, v^e ou ive siècle avant J.-C.; étude d'archéologie religieuse gréco-orientale, par H. Bazin (1887), 603 pages et 24 planches.

Tomes XI et XII, Les fêtes annuellement célébrées à Emoui (Amóy), étude concernant la religion populaire des Chinois, par J.-J.-M. de Groot, traduite du hollandais, avec le concours de l'auteur, par C.-G. Chavannes, illustrations par Félix Régamey (1886), tome I, xxv pages, pages 1 à 400 et planches I à XV; tome II, pages 401 à 832 et planches XVI à XXIV.

Tome XIII. Le Ramâyâna au point de vue religieux, philosophique et moral, par Charles Schœbel (1888), 235 pages.

Tome XIV. Essai sur le gnosticisme égyptien, ses développements et son origine égyptienne, par M. E. Amélineau (1887), 330 pages et 1 planche.

Tome XV. La Siao-hio, ou Morale de la jeunesse, avec le commentaire de Tchen-Siuen, traduite du chinois par C. de Harlez (1889), 360 pages et 2 planches.

Tome XVI. Les hypogées royaux de Thèbes, par M. E. Lefébure. Seconde division : Notices des hypogées, publiées avec la collaboration de MM. Ed. Naville et Ern. Schiaparelli (1889), ix pages imprimées, 191 pages autographiées et xlii planches.

Tome XVII. Monuments pour servir à l'histoire de l'Égypte chrétienne au ive siècle. Histoire de saint Pakhôme et de ses communautés. Documents coptes et arabes inédits, publiés et traduits par E. Amélineau (1889), cxii-711 pages.

Tome XVIII. Avadâna-Çataka. Cent légendes bouddhiques, traduites du sanskrit par M. Léon Feer (1891), xxxviii-496 pages.

Tome XIX. Le Lalita-Vistara, ou Développement des jeux, contenant l'histoire du Bouddha Çakya-Mouni, depuis sa naissance jusqu'à sa prédication, traduit du sanscrit en français par Ph.-Ed. Foucaux. Seconde partie : Notes, variantes et index (1892), vi-940 pages.

Tome XX. Textes taoïstes, traduits des originaux chinois et commentés par C. de Harlez (1891), 391 pages.

Tome XXI. Le Zend-Avesta ; traduction nouvelle, avec commentaire historique et philologique, par James Darmesteter. Premier volume. La liturgie (Yasna et Vispéred) (1892), xcix-500 pages et 6 planches.

Tome XXII. Le Zend-Avesta ; traduction nouvelle, avec commentaire historique et philologique, par James Darmesteter. Deuxième volume. La loi (Vendidad). L'épopée (Yashts). Le livre de prières (Khorda-Avesta) (1892), xxxv-747 pages.

Tome XXIII. Le Yi-King, ou Livre des changements de la dynastie de Tsheou, traduit pour la première fois du chinois en français par P.-L.-D. Philastre. Deuxième partie (1893), 608 pages.

Tome XXIV. Le Zend-Avesta ; traduction nouvelle, avec commentaire historique et philologique, par James Darmesteter. Troisième volume. Origines de la littérature et de la religion zoroastriennes. Appendice à la traduction de l'Avesta (fragments des Nasks perdus et index) (1893), xxxvi-262 pages.

Tome XXV. Monuments pour servir à l'histoire de l'Égypte chrétienne. Histoire des monastères de la Basse-Égypte, Vies des saints Paul, Antoine, Macaire, Maxime et Domèce, Jean le Nain, etc. ; texte copte et traduction française, par E. Amélineau (1894), lxiii-431 pages.

Tome XXVI. Mélanges : La Corée, ou *Tchösen* (La terre du calme matinal), par M. le colonel Chaillé-Long-Bey. — Guide pour rendre propice l'étoile qui garde chaque homme et pour connaître les destinées de l'année, traduit du coréen par Hong-Tyong-Ou et Henri Chevalier. — L'exploration des ruines d'Antinoë et la découverte d'un temple de Ramsès II enclos dans l'enceinte de la ville d'Hadrien, par Al. Gayet (1894-1897), 123-62 pages, carte et 25 planches.

Tome XXVII. Le Siam ancien ; archéologie, épigraphie, géographie, par Lucien Fournereau. Première partie (1895), xi-321 pages et 84 planches.

Tomes XXVIII et XXIX. Histoire de la sépulture et des funérailles dans l'ancienne Égypte, par E. Amélineau (1896), xxii-681 pages et 119 planches.

15. Annales du musée Guimet. — Bibliothèque d'études. Paris, 1892-1895, 7 vol. in-8°.

Tome I. Le Rig-Véda et les origines de la mythologie indo-européenne, par Paul Regnaud. Première partie (1892), viii-420 pages.

Tome II. Mânava Dharma Çâstra, Les lois de Manou, traduites du sanscrit, par G. Strehly (1893), xxv-402 pages.

Tome III. Coffre à trésor attribué au Shôgoun Iyé-Yoshi (1838-1853) ; étude héraldique et historique, par L. de Milloué et S. Kawamoura (1896), xxv-225 pages et planche.

Tome IV. Recherches sur le bouddhisme, par J.-P. Minayeff ; traduit du russe, par R.-H. Assier de Pompignan (1894), xv-317 pages.

Tomes V et VI. Mission Étienne Aymonier. Voyage dans le Laos, tomes I et II (1895-1897), 341 et 360 pages, cartes.

Tome VII. Les Parsis, histoire des communautés zoroastriennes de l'Inde, par D. Menant (1898), 480 pages, planches et figures.

16. Annales du musée Guimet. — Bibliothèque de vulgarisation. Paris, 1889-1896, 10 vol. in-18.

1. Les moines égyptiens, par E. Amélineau. Vie de Schnoudi (1889), xxix-380 pages.

2. Précis d'histoire des religions. Première partie : Religions de l'Inde, par L. de Milloué (1890), viii-335 pages.

3. Les Hétéens. Histoire d'un empire oublié, par A.-H. Sayce; traduit de l'anglais, préface et appendices, par M. J.-Menant (1891), xiii-211 pages.

4. Les symboles, les emblèmes et les accessoires du culte chez les Annamites; notes d'ethnographie religieuse, par G. Dumoutier; illustré de dessins annamites (1891), 172 pages.

5. Les Yézidiz. Épisodes de l'histoire des adorateurs du diable, par Joachim Menant (1892), viii-232 pages.

6. Le culte des morts dans le Céleste Empire et l'Annam comparé au culte des ancêtres dans l'antiquité occidentale, par le lieutenant-colonel Bouinais et Paulus, avec une préface par C. Imbault-Huart (1893), xxxii-267 pages.

7. E. Amélineau. Résumé de l'histoire de l'Égypte depuis les temps les plus reculés jusqu'à nos jours; précédé d'une étude sur les mœurs, les idées, les sciences, les arts et l'administration dans l'ancienne Égypte (1891), ii-325 pages.

8. Le Bois sec refleuri; roman coréen, traduit en français sur le texte original par Hong-Tjyong-Ou (1895), 192 pages.

9. La Saga de Nial, traduite en français pour la première fois par Rodolphe Dareste (1896), xiii-359 pages.

10. Émile Senart. Les castes dans l'Inde; les faits et le système (1896), xxii-259 pages.

On peut y joindre les deux ouvrages suivants :

Introduction au catalogue du musée Guimet. Aperçu sommaire de l'histoire des religions des anciens peuples civilisés, par L. de Milloué. (1891), 161 pages.

Petit guide illustré au musée Guimet, par L. de Milloué, conservateur (1897), 298 pages.

17. Annales du musée Guimet. — Revue de l'histoire des religions, publiée sous la direction de M. Maurice Vernes [puis de MM. Jean Réville et Léon Marillier]. Paris, 1880-1897, 35 vol. in-8°.

B

Missions scientifiques.

18. Mission scientifique au Mexique et dans l'Amérique centrale. Paris, 1865-1895, 8 vol. gr. in-4° et in-8°.

1. Grammaire de la langue nahuatl ou mexicaine, composée en 1547 par le franciscain André de Olmos et publiée avec notes, éclaircissements, etc., par Rémi Simon. Paris, 1875, in-8°, xv-274 pages.

2. Dictionnaire de la langue nahuatl ou mexicaine, rédigé d'après les documents imprimés et manuscrits les plus authentiques et précédé d'une introduction par Rémi Simon. Paris, 1875, gr. in-4°, LXXVI-710 pages.

3. Manuscrit Troano. Études sur le système graphique et la langue des Mayas, par M. Brasseur de Bourbourg. Paris, 1869-1870, 2 vol. gr. in-4°, VIII-248 pages et 36 planches; XLIX-464 pages.

4. Description des anciennes possessions mexicaines du Nord, par M. Guillemin-Tarayre. Paris, 1871, gr. in-4°, pages 1-216, planches I à XVIII et carte. (*En cours de publication.*)

5. Voyage géologique dans les républiques de Guatémala et de Salvador, par MM. A. Dollfus et E. de Mont-Serrat. Paris, 1868, gr. in-4°, IX-539 pages et 18 planches.

6. Recherches historiques et archéologiques publiées sous la direction de M. E.-T. Hamy. 1re partie. Histoire. Mémoire sur la peinture didactique et l'écriture figurative des anciens Mexicains, par J.-M.-A. Aubin, précédé d'une introduction, par E.-T. Hamy. Paris, 1885, gr. in-4°, pages 1-106 et planches I-V. (*En cours de publication.*)

7. Recherches zoologiques pour servir à l'histoire de la faune de l'Amérique centrale et du Mexique publiées sous la direction de M. H. Milne Edwards. Première partie : Anthropologie du Mexique, par M. E.-T. Hamy. Paris, 1884-1891, gr. in-4°, pages 1-184 et planches I-XXI. (*En cours de publication.*)

8. Recherches zoologiques... Troisième partie, 1re section. Études sur les Reptiles et les Batraciens, par M. Auguste Du Méril et M. Bocourt. Paris, 1870-1895, gr. in-4°, pages 1-828 et planches I-LXXII. (*En cours de publication.*)

9. Recherches zoologiques... Troisième partie, 2e section. Études sur les Batraciens, par M. Brocchi. Paris, 1881-1883, gr. in-4°, 123 pages et XXII planches.

10. Recherches zoologiques... Quatrième partie. Études sur les Poissons, par MM. Léon Vaillant et Bocourt. Paris, 1874-1883, 3 fasc. gr. in-4°, pages 1 à 120, planches I-X *bis.* (*En cours de publication.*)

11. Recherches zoologiques. Cinquième partie. Études sur les Xiphosures et les Crustacés de la région mexicaine, t. I; par M. Alphonse Milne-Ed-

wards. Paris, 1881, gr. in-4°, 368 pages et 61 planches. (*En cours de publication.*)

[Le premier fascicule du tome I porte la date de 1873; un nouveau titre a été tiré avec la date 1881.]

12. Recherches zoologiques... Sixième partie, 1ʳᵉ section. Études sur les Myriapodes et les insectes orthoptères, par M. Henri de Saussure. Paris, 1870-1879, gr. in-4°, 533 pages et 8 planches.

13. Recherches zoologiques... Sixième partie, 2ᵉ section. Études sur les Myriapodes, par MM. Henri de Saussure et A. Humbert. Paris, 1872, gr. in-4°, 211 pages et 6 planches.

14. Recherches zoologiques. Études sur les Mollusques terrestres et fluviatiles du Mexique et du Guatémala, par MM. P. Fischer et H. Crosse. Paris, 1870-1894, 16 fasc., gr. in-4°.

Tome Iᵉʳ : (1878), 702 pages et 31 planches. — Tome II (1880-1894), pages 1-656, planches xxxii-lxvi. (*En cours de publication.*) [Un titre a été tiré pour le tome I avec la date de 1878.]

15. Recherches botaniques publiées sous la direction de M. J. Decaisne. Mexicanas plantas nuper a collectoribus expeditionis scientificæ allatas aut longis ab annis in herbario musei Parisiensis depositas, præside J. Decaisne, enumerandas curavit Eug. Fournier. Pars prima : Cryptogamia adjuvantibus Cl.-W. Nylander et Em. Bescherelle edita. — Pars secunda : Gramineæ. Paris, 1872-1886, 1 vol. et 1 fasc. gr. in-4°.

Première partie (1872), 166 pages et 6 planches; seconde partie (1886), xix pages et pages 1-160. (*En cours de publication.*)

19. Archives de la Commission scientifique du Mexique, publiées sous les auspices du Ministère de l'instruction publique. Paris, 1865-1867, 3 vol. in-8°, 467 pages, 499 pages et 15 planches, 540 pages et 21 planches.

20. Histoire physique, naturelle et politique de Madagascar, publiée par Alfred Grandidier. Paris, 1875-1896, 46 vol. gr. in-4°.

Volume I. Histoire de la géographie, par Alfred Grandidier (1885; deuxième tirage revu et augmenté en 1892), 350 pages et atlas de 47 pl.

Volume VI. Histoire naturelle des Mammifères, par MM. Alph. Milne-Edwards et Alf. Grandidier. Tome I, texte I, 1875, iv-396 pages.

Volume IX. Histoire naturelle des Mammifères, par MM. Alph. Milne-Edwards et Alf. Grandidier. Tome IV, atlas I, 1875, 143 pl.

Volume X. Histoire naturelle des Mammifères par A. Milne-Edwards, A. Grandidier et H. Filhol. Tome V, atlas II, 2ᵉ partie, (1893) planches 173 à 210. — 3ᵉ partie; 1895, planches 211-250. — 4ᵉ partie, 1896, jusque planche 254ᵈ. — Tome VI, atlas III, 1ʳᵉ partie, 1897, planches 255-274.

Volume XII. Histoire naturelle des Oiseaux, par MM. Alph. Milne-Edwards et Alf. Grandidier. Tome I, texte, 1897, 779 pages.

Volume XIII. Histoire naturelle des Oiseaux, par MM. Alf. Milne-Edwards et Alf. Grandidier. Tome II, atlas I, 1876, 104 planches.

Volume XIV. Histoire naturelle des Oiseaux, par MM. Alph. Milne-Edwards et Alf. Grandidier. Tome III, atlas II, 1879, planches 105-207.

Volume XV. Histoire naturelle des Oiseaux, par MM. Alph. Milne-Edwards et Alf. Grandidier. Tome IV, atlas III, 1881, planches 208-308.

Volume XVI. Histoire naturelle des Poissons, par M. H. Sauvage, 1891, 543 pages, 50 planches.

Volume XVIII. Histoire naturelle des Lépidoptères, par M. P. Mabille. Tome I, texte, 1ʳᵉ partie, 1887, v et 364 pages.

Volume XIX. Histoire naturelle des Lépidoptères. Tome II, atlas, sous la direction d'Alfred Grandidier et Paul Mabille, 1885, 55 planches.

Volume XX. Histoire naturelle des Hyménoptères, par Henri de Saussure, 1890, xxi-590 pages.

Volume XX. Histoire naturelle des insectes hyménoptères, par H. de Saussure. Atlas, 1ʳᵉ partie, 1892, planches 1-27.

Volume XXI. Histoire naturelle des Hyménoptères. Deuxième partie. Les Formicides, par M. A. Forel, 1891, v-280 pages et 7 planches.

Volume XXII. Histoire naturelle des Coléoptères, par M. Kunckel d'Herculais. Tome II, atlas, 1ʳᵉ partie, 1887-1890, planches 1-54.

Volume XXIII. Histoire naturelle des Orthoptères, 1ʳᵉ partie : Blattides et Mantides, par MM. H. de Saussure et Zehnter, 1895, xvi-244, iv pages et 10 pl.

Volume XXV. Histoire naturelle des Mollusques, par MM. H. Crosse et P. Fischer. Atlas, 1ʳᵉ partie, 1889, planches 1-27.

Volume XXVII. Histoire naturelle des Myriapodes, par M. Henri de Saussure. Atlas, 1897, planches 1-12.

Volume XXVIII. Histoire naturelle des plantes, par M. H. Baillon. Tome II, atlas I, 1886, planches 1-130.

Volume XXIX. Histoire naturelle des plantes, par M. H. Baillon. Tome III, atlas II, 1890-1892, planches 131-241.

Volume XXXIV. Histoire naturelle des plantes par M. H. Baillon, Tome IV, atlas II, 4ᵉ partie, 1890, planches 226ᵇ-260.

Volume XXXV. Histoire naturelle des plantes, par M. H. Baillon. Tome V, atlas III, 1ʳᵉ partie, 1894, planches 261-324; — 2ᵉ partie, 1895, jusque planche 340; — 3ᵉ partie, 1895, jusque planche 370; — 4ᵉ partie, 1896, jusque planche 398; — 5ᵉ partie, 1896, jusque planche 411.

---

21. Expéditions scientifiques du *Travailleur* et du *Talisman* pendant les années 1880, 1881, 1882, 1883; ouvrage publié sous les

auspices du Ministre de l'instruction publique, sous la direction de A. Milne-Edwards. Paris, 1888-1897, 4 vol. gr. in-4°.

Poissons, par L. Vaillant (1888), 406 pages et 28 planches.

Brachiopodes, par P. Fischer et D.-P. OEhlert (1891), 140 pages et 8 planches.

Échinodermes, par Edmond Perrier (1894), 431 pages et 26 planches.

Mollusques testacés, par Arnould Locard, t. Ier, (1897), vi-516 pages et 22 planches.

22. **Exploration scientifique de la Tunisie; par divers. Paris, 1885-1897, 23 vol. in-8° et in-4°.**

1. Catalogue critique des mammifères apélagiques sauvages de la Tunisie, par Fernand Lataste, 1887, in-8°.

2. Catalogue raisonné des plantes cellulaires de la Tunisie, par N. Patouillard, 1897, in-8°.

3. Catalogue raisonné des plantes vasculaires de la Tunisie, par Ed. Bonnet et G. Barratte; préface par Doumet-Adanson, 1896, in-8°.

4. Description des échinides fossiles des terrains jurassiques de la Tunisie, recueillis par M. Le Mesle, par Victor Gauthier, 1896, in-8°.

5. Description des échinides fossiles, recueillis en 1885 et 1886 dans la région sud des Hauts-Plateaux de la Tunisie par M. Philippe Thomas, par Victor Gauthier, 1889, in-8°.

6. Description des mollusques fossiles des terrains tertiaires inférieurs de la Tunisie, recueillis en 1885 et 1886 par M. Philippe Thomas, par Arnould Locard, 1889, in-8°.

7. Description de quelques fossiles nouveaux ou critiques des terrains tertiaires et secondaires de la Tunisie, recueillis en 1885 et 1886 par M. Philippe Thomas, 1893, in-8°.

8. Description des brachiopodes, bryozoaires et autres invertébrés fossiles des terrains crétacés de la région sud des Hauts-Plateaux de la Tunisie, recueillis en 1885 et 1886 par Philippe Thomas, par Alphonse Peron, 1893, in-8°.

9. Description des mollusques fossiles des terrains crétacés de la région sud des Hauts-Plateaux de la Tunisie recueillis, en 1885 et 1886, par M. Philippe Thomas, par Alphonse Peron, 1889-1891, 2 parties in-8°.

10. Énumération des champignons observés en Tunisie, par Narcisse Patouillard, 1892, in-8°.

11. Énumération des diptères recueillis en Tunisie dans la mission de 1884, par M. Valery Mayet, et description des espèces nouvelles, par J.-M.-F. Bigot, 1888, in-8°.

12. Énumération des hémiptères recueillis en Tunisie en 1883 et 1884, par MM. Valery Mayet et Maurice Sédillot, suivie de la description des espèces nouvelles, par A. Puton, 1886, in-8°.

13. Étude sur les arachnides recueillis en Tunisie en 1883 et 1884, par MM. A. Letourneux, M. Sédillot et Valery Mayet, par Eugène Simon, 1885, in-8°.

14. Étude sur les crustacés terrestres et fluviatiles recueillis en Tunisie en 1883, 1884 et 1885, par MM. A. Letourneux, M. Sédillot et Valery Mayet, par Eugène Simon, 1885, in-8°.

15. Illustrations de la partie botanique. — Champignons. Espèces nouvelles, rares ou critiques, par N. Patouillard. — Phanérogames. Espèces nouvelles, rares ou critiques, par Ed. Bonnet et G. Barratte. Atlas, 1892-1895, in-4°.

16. Illustrations de la partie paléontologique et géologique. Atlas, fascicules I et II, 1889-1893, in-4°.

Fascicule I. — Échinides fossiles, par Victor Gauthier. — Espèces nouvelles de mollusques fossiles des terrains tertiaires inférieurs, par Arnould Locard.

Fascicule II. — Fossiles nouveaux ou critiques des terrains tertiaires et secondaires, par Philippe Thomas. — Invertébrés fossiles des terrains crétacés de la région sud des Hauts-Plateaux, par Alphonse Peron, 1891-1893, in-fol.

17. Liste des coléoptères recueillis en Tunisie en 1883, par M. A. Letourneux, dressée par M. Ed. Lefèvre, avec le concours de MM. L. Fairmaire, de Marseul et Dr Sénac, 1885, in-8°.

18. Mission géologique en avril, mai, juin 1887. Journal de voyage, par Georges Le Mesle, 1888, in-8°.

19. Note sur la flore de la Kroumirie centrale, explorée en 1883, par E. Cosson, 1885, in-8°.

20. Prodrome de la malacologie terrestre et fluviatile de la Tunisie, par A. Letourneux et J.-R. Bourguignat, 1887, in-8°.

21. Rapport sur une mission botanique exécutée en 1884 dans le nord, le sud et l'ouest de la Tunisie, par A. Letourneux, 1887, in-8°.

22. Rapport sur une mission botanique exécutée en 1884 dans la région saharienne, au nord des grands chotts et dans les îles de la côte orientale de la Tunisie, par Doûmet-Adanson, 1888, in-8°.

23. Revision critique des fourmis de la Tunisie, par C.-Ém. Méry, 1891, in-8°.

23. **Expédition scientifique française en Russie, en Sibérie et dans le Turkestan. — Le Kohistan, le Ferghanah et Kouldja, avec un appendice sur la Kachgharie, par Ch.-E. DE UJFALVY DE MEZÖ-KOVESD. Paris, 1878-1880, 3 vol. in-8° et 3 atlas in-8°.**

Tome I (1878), v-186 pages et xvii tableaux.

Tome II (1879). Le Syr-Daria, le Zérafchâne, le pays des Sept-Rivières et la Sibérie occidentale, xvii-208 pages et 7 tableaux.

Tome III (1880). Les Bachkirs, les Vépses et les antiquités finno-ougriennes et altaïques, précédés des résultats anthropologiques d'un voyage en Asie centrale, ix-170 pages et iv tableaux.

Tome IV. Atlas anthropologique des peuples de Ferghanah (1879), 16 pages et 70 planches.

Tome V. Atlas des étoffes, bijoux, aiguières, émaux, etc. de l'Asie centrale (1880), 16 pages et 25 planches.

Tome VI. Atlas archéologique des antiquités finno-ougriennes et altaïques de la Russie, de la Sibérie et du Turkestan (1880), viii pages et 23 planches.

24. Les origines du Musée d'ethnographie; histoire et documents, par le docteur E.-T. Hamy, membre de l'Institut, conservateur du Musée d'ethnographie. Paris, 1890, in-8°, 321 pages.

25. Galerie américaine du Musée d'ethnographie du Trocadéro; choix de pièces archéologiques et ethnographiques, décrites et publiées par le docteur E.-T. Hamy. Paris, 1897, 2 vol. gr. in-fol., ii-121 pages et 60 planches.

26. Revue d'ethnographie, publiée, sous les auspices du Ministère de l'Instruction publique et des beaux-arts, par M. le docteur Hamy. Tomes I à VIII. Paris, 1882-1889, 8 vol. in-8°.

III

SERVICE DES BIBLIOTHÈQUES.

___

BIBLIOTHÈQUE NATIONALE.

___

DÉPARTEMENT DES IMPRIMÉS.

___

A

1. Ministère de l'instruction publique et des beaux-arts. — Catalogue
général des livres imprimés de la Bibliothèque nationale. —
Auteurs. Tome Ier : Aachs-Albyville. Paris, 1897, in-8°,
[IV-]LXXXII et 565 pages.

> Ce premier volume est précédé d'une introduction historique sur le déve-
> loppement successif et le catalogue des collections du Département des im-
> primés, par M. L. Delisle, administrateur général de la Bibliothèque natio-
> nale.

2. *Aristote.* (Extrait du Catalogue général des livres imprimés de la
Bibliothèque nationale.) [Paris,] 1895, in-8°, LI pages.

3. *Aristote.* Supplément au catalogue précédemment publié des œuvres
de cet auteur conservées au Département des imprimés de la
Bibliothèque nationale. Paris, 1896, in-8°, 37 pages.

4. Catalogue des livres imprimés de la Bibliothèque du Roy, Paris,
1739-1753, 6 vol. in-fol., XC-415-106, VIII-501, VIII-258-
141, XVI-604, VIII-208-326 et VIII-327-98-113 pages.

> | Théologie....... | tome I | (1739). | Divisions *A*, *B* et *C*. |
> |---|---|---|---|
> | — | — II | (1742). | — | *D*. |
> | — | — III | (1742). | — | *D²*. |
> | Belles-lettres.... | tome I | (1750). | — | *X* et *Y*. |
> | — | — II | (1750). | — | *Y²* et *Z*. |
> | Jurisprudence... | tome I | (1753). | — | *E* et *E*.* |

Les seconde et troisième parties de la Jurisprudence, droit civil (*F*), ont été en grande partie imprimées, mais non publiées; on y travaillait encore en 1784 et il en a été composé ou tiré 527 et 216 pages.

En tête du premier volume de la Théologie est un *Mémoire historique sur la Bibliothèque du Roy*, rédigé par l'abbé Jourdain sur des notes de Jean Boivin.

5. Bibliothèque nationale. Département des imprimés. — Catalogue des FACTUMS et d'autres documents judiciaires antérieurs à 1790, par A. Corda. Paris, 1890-1896, 4 vol. in-8°, xi-567, 592, 721 et 621 pages.

> Division *F*.
> Tome I, A-C. — Tome II, D-K. — Tome III, L-M. — Tome IV, N-Q.
> — En cours de publication.

6. Inventaire alphabétique de l'HISTOIRE GÉNÉRALE [et GÉOGRAPHIE]. [Paris, *s. d.*,] 7 vol. in-4°. (*Autographié à 4 ex.*)

> Division *G*.

7. Index processuum authenticorum beatificationis et canonizationis qui asservantur in Bibliotheca nationali Parisiensi, confecit et edidit Amedeus comes DE BOURMONT. Bruxellis, 1888, in-8°, 19 pages.

> Division *H*.

8. Inventaire alphabétique de l'HISTOIRE D'ITALIE [Paris, — 4.] 3 vol. in-4°. (*Autographié à 4 ex.*)

> Division *K*.

9. Bibliothèque impériale [nationale]. Département des imprimés. — Catalogue de l'HISTOIRE DE FRANCE, tome Iᵉʳ [à XI, et Table des auteurs, par P. Marchal]; publié par ordre de l'Empereur [du Gouvernement]. Paris, 1855-1895, 12 vol. in-4°, xxiv-637, 781, 811, 707, 803, 817, 819, 761, 799, 779, 747 et xi-799 pages.

> Division *L*.

10. Bibliothèque nationale. Département des imprimés. — Catalogue de l'HISTOIRE DE FRANCE (Supplément). Paris, 1880-1895, 4 vol. in-4°, 548, 185, 88 et 273, 735 et 953 pages. (*Autographié.*)

> Division *L*.
> I. Histoire constitutionnelle (1895).

II. Histoire militaire et maritime; mœurs et coutumes; archéologie (1588-1894).

III. Histoire locale (1880).

IV. Histoire des familles françaises [et biographies] (1884).

11. Bibliothèque nationale. Catalogue de l'HISTOIRE DE LA GRANDE-BRETAGNE. Paris, 1878, in-4°, 681 pages. (*Autographié.*)

Division *N*.

12. Bibliothèque nationale. Département des imprimés. — Catalogue de l'HISTOIRE D'ESPAGNE [et de PORTUGAL]. [Paris,] 1883, in-4°, 509 pages. (*Autographié.*)

Division *O*.

13. Bibliothèque nationale. Département des imprimés. — Catalogue de l'HISTOIRE DE L'ASIE. [Paris, *s. d.*,] in-4°, 688 pages. (*Autographié.*)

Division *O²*.

14. Bibliothèque nationale. Département des imprimés. — Catalogue de l'HISTOIRE DE L'AFRIQUE. Paris, 1895, in-4°, 312 pages. (*Autographié.*)

Division *O³*.

15. Bibliothèque impériale [nationale]. — Département des imprimés. — Catalogue des SCIENCES MÉDICALES, publié par ordre de l'Empereur [du Gouvernement]. Paris, 1857-1889, 3 vol. in-4°, III-795, 779 et 283 pages.

Division *T*.

16. Bibliothèque nationale. — BULLETIN MENSUEL des récentes publications FRANÇAISES, avec un appendice contenant l'indication des cartes géographiques et des livres anciens nouvellement entrés au Département des imprimés. Paris, 1882-1896, 15 vol. in-8°, 398, 336, 471, 460, 462-XLIX, 458, 477, 466, 502-67, 548, 584, 583, 584, 560 et 504 pages.

17. BULLETIN MENSUEL des publications ÉTRANGÈRES reçues par le Département des imprimés de la Bibliothèque nationale. Paris, 1877-1896, 20 vol. in-8°, 168, 248, 234, 232, 232, 220,

256, 246, 280, 256, 244, 348, 288, 324, 399, 320, 312, 288, 328 et 321 pages.

Le *Bulletin mensuel des publications étrangères* a été autographié de novembre 1874 à décembre 1876 et forme un volume in-8° de 486 pages, avec une table générale alphabétique, également autographiée, de 140 pages.

18. Liste des PÉRIODIQUES ÉTRANGERS reçus par le Département des imprimés de la Bibliothèque nationale. Paris, 1882, in-8°, XXVIII pages.

19. — Supplément (1882-1885). Paris, 1886, in-8°, XV pages.

20. Bibliothèque nationale. Département des imprimés. — Liste des PÉRIODIQUES ÉTRANGERS. Paris, 1896, in-8°, 178 pages.

21. Catalogue des DISSERTATIONS et écrits ACADÉMIQUES provenant des échanges avec les universités ÉTRANGÈRES et reçus par la Bibliothèque nationale en 1882[-1896]. Paris, 1884-1897, 13 fasc. in-8°, 101, 125, 129, 119, 351, 109, 123, 120, 135, 137, 144, 134, 138 et 153 pages.

Universités d'Amsterdam, Bâle, Berlin, Berne, Bonn, Breslau, Copenhague, Dorpat, Erlangen, Fribourg-en-Brisgau, Gand, Genève, Giessen, Goettingue, Greifswald, Halle, Heidelberg, Iéna, Kiel, Kœnigsberg, Leipzig, Leyde, Liége, Lund, Marbourg, Munich, Munster, Oxford, Rostock, Strasbourg, Tubingue, Upsal, Utrecht, Wurzbourg, Zurich.

22. Catalogue d'une collection de THÈSES publiées dans les PAYS-BAS, donnée à la Bibliothèque nationale par le service des Échanges internationaux au Ministère de l'instruction publique (Direction du secrétariat, 3° bureau). Paris, 1884-1885, 2 fasc. in-8°, 69 et 49 pages.

I. Thèses de droit. — II. Thèses de théologie, philosophie, sciences mathématiques et naturelles, médecine.

23. Liste d'ouvrages donnés à la Bibliothèque nationale par le Ministère de l'instruction publique en août 1879. [Paris, *s. d.*,] in-4°, 112 pages. (*Autographié.*)

Livres imprimés doubles de la bibliothèque des SOCIÉTÉS SAVANTES.

24. Bibliothèque nationale. Département des imprimés. — Inventaire des livres et documents relatifs à l'Amérique, recueillis et légués à la Bibliothèque nationale par M. ANGRAND. [Paris,] 1887, in-8°, 75 pages.

25. Catalogue de la collection léguée à la Bibliothèque nationale par
M. le baron Ch. Davillier. [Paris, 1886,] in-8°, 75 pages.

> Imprimés, cartes, manuscrits et estampes; la plupart des imprimés sont
> relatifs à l'histoire de l'art, catalogues de musées, de ventes de tableaux, etc.

26. Bibliothèque nationale. — Donation de M. Paul-Émile Giraud.
Développement d'un rapport de M. L. Delisle, inséré au *Journal officiel* du 13 septembre 1881. Paris, 1881, in-8°, 19 pages.

> Imprimés rares et quelques manuscrits, la plupart relatifs au Dauphiné.

27. Bibliothèque nationale. Département des imprimés. — Catalogue
de la collection Napoléonienne du baron Hippolyte Larrey,
donnée à la Bibliothèque nationale par Mlle Dodu. [Paris,]
1896, in-8°, 44 pages.

> Vingt volumes de correspondances des deux barons Larrey, donnés éga-
> lement par Mlle Dodu, sont conservés au Département des manuscrits.

28. Bibliothèque nationale. Département des imprimés. — Catalogue
des livres provenant des collections d'Eugène Piot, vendues à
Paris en 1891. Paris, 1892, in-8°, 164 pages.

> Livres et brochures imprimés relatifs principalement à l'histoire de l'art
> en Italie.

29. Bibliothèque nationale. — Catalogue des ouvrages donnés par
M. V. Schoelcher, sénateur. [Paris,] 1884, in-8°, 99 pages.

> Livres et brochures imprimés relatifs principalement à l'histoire de l'escla-
> vage, du coup d'État de 1851, etc. — Quelques manuscrits sont conservés
> au Département des manuscrits.

30. Bibliothèque nationale. — Catalogue d'une collection musicale
et d'ouvrages divers légués par M. O. Thierry-Poux, conservateur du Département des imprimés à la Bibliothèque nationale. [Paris,] 1896, in-8°, 59 pages.

31. Bibliothèque nationale. — Liste de pièces imprimées pour la
plupart à Venise en 1797, pendant l'occupation française.
[Paris,] 1897, in-8°, 26 pages.

32. Catalogue des livres imprimés sur vélin de la Bibliothèque du
Roi, [par Van Praet]. Paris, 1822-1828, 6 vol. in-8°, xi-iv-
343, ii-120, vi-84, viii-332, iii-380 et [iii-]232 pages.

> Tome I. Théologie. — Tome II. Jurisprudence. — Tome III. Sciences et
> arts. — Tome IV. Belles-lettres. — Tome V. Histoire. — Tome VI. Sup-
> plément.
> Un «Essai du catalogue des livres imprimés sur vélin de la Bibliothèque

impériale » avait été imprimé par Van Praet, en 1805, in-fol., 21 pages; et
plus tard un « Catalogue des livres imprimés sur vélin, avec date, depuis
1457 jusqu'en 1472, » 1813, in-fol., 544 pages.

33. Inventaire alphabétique des livres imprimés sur VÉLIN de la Bibliothèque nationale. Complément du catalogue publié par
Van Praet, [par L. Delisle]. Paris, 1877, in-8°, 175 pages.

34. Bibliothèque nationale. Département des imprimés. — Catalogue
alphabétique des ouvrages mis à la libre DISPOSITION DES
LECTEURS dans la salle de travail. Paris, 1879, in-8°, xx-
266 pages et plan.

35. Bibliothèque nationale. Département des imprimés. — Liste
alphabétique des ouvrages mis à la libre DISPOSITION DES
LECTEURS dans la salle de travail. Paris, 1886, in-8°, xxiv-
127 pages et plan.

36. Bibliothèque nationale. Département des imprimés. — Répertoire alphabétique des livres mis à la DISPOSITION DES LECTEURS
dans la salle de travail, suivi de la liste des catalogues. Paris,
1896, in-8°, xxii-196 pages et plan.

37. Bibliothèque nationale. Département des imprimés. — Notice
des objets EXPOSÉS. Paris, 1878, in-8°, 130 pages.

38. Bibliothèque nationale. Département des imprimés. — Notice
des objets EXPOSÉS. Paris, 1881, in-8°, 146 pages.

39. Ministère de l'instruction publique et des beaux-arts. — Premiers monuments de l'imprimerie en France au xv° siècle, publiés par O. Thierry-Poux. Paris, 1890, gr. in-folio, 32 pages
et 40 planches.

Paris, 1470.	Chartres, 1482.
Lyon, 1473.	Metz, 1482.
Toulouse, 1476.	Troyes, 1483.
Angers, 1476 [1477].	Chambéry, 1484.
Chablis, 1478.	Bréhant-Loudéac, 1484.
Vienne, 1478.	Rennes, 1484 [1485].
Poitiers, 1479.	Tréguier, 1485.
Caen, 1480.	Salins, 1485.
Albi, 1481.	Abbeville, 1486.

Rouen, 1487.
Besançon, 1487.
Lantenac, 1487 [1488].
Embrun, 1489 [1490].
Grenoble, 1490.
Dôle, 1490.
Orléans, 1490 [1491].
Goupillières (Eure), 1491.
Angoulême, 1491.
Dijon, 1491.
Narbonne, 1491.
Cluni, 1492.

Nantes, 1493.
Châlons, 1493.
Tours, 1493 [1494].
Mâcon, 1493 [1494].
Limoges, 1495 [1496].
Provins, 1496.
Valence, 1496.
Avignon, 1497.
Périgueux, 1498.
Perpignan, 1500.
Valenciennes, 1500.

Tous les incunables dont ce recueil renferme les notices, accompagnées d'héliogravures, sont, à l'exception de deux, conservés à la Bibliothèque nationale.

B

40. Bibliothèque nationale. Département des imprimés. — Liste des ouvrages communiqués dans la SALLE PUBLIQUE de lecture. Paris, 1887, in-8°, 376 pages.

41. Bibliothèque nationale. Département des imprimés. — Catalogue de la SALLE PUBLIQUE de lecture. Supplément, 1887-1894. Paris, 1895, in-8°, 124 pages.

C

42. Liste des publications PÉRIODIQUES qui se trouvent à la section des CARTES et collections géographiques de la Bibliothèque nationale. Paris, 1895, in-8°, 14 pages.

43. Bibliothèque nationale. Notice des objets EXPOSÉS dans la section de GÉOGRAPHIE (mai 1889). Paris, 1889, in-8°, 57 pages.

44. Choix de documents géographiques conservés à la Bibliothèque nationale, [par L. Delisle]. Paris, 1883, in-plano, iv pages et 20 planches.

Notice des provinces de l'Empire romain et Notice des cités de la Gaule (vi⁰ siècle). — Mappemonde de Saint-Sever (xi⁰ siècle). — Carte Pisane (xiv⁰ siècle). — Atlas catalan de Charles V, roi de France, de l'année 1375.

45. Choix de cartes et de mappemondes des xiv° et xv° siècles, publié par Gabriel Marcel. Paris, 1896, in-plano, 6 pages et 16 planches.

> Carte, dite *Pisane*, du bassin de la Méditerranée; mappemondes de Dulcert, de Mecia de Viladestes et de Soleri.

46. Quatrième centenaire de la découverte de l'Amérique. — Catalogue des documents géographiques exposés à la section des cartes et plans de la Bibliothèque nationale, [par Gabriel Marcel]. Paris, 1892, in-8°, vii-77 pages.

47. Recueil des voyages et de documents pour servir à l'histoire de la géographie. Section cartographique. — Reproductions de cartes et de globes relatifs à la découverte de l'Amérique, du xvi° au xvii° siècle, avec texte explicatif par Gabriel Marcel. Paris, 1893, in-4°, 146 pages, et atlas in-fol. de 40 planches.

DÉPARTEMENT DES MANUSCRITS.

48. Catalogus codicum manuscriptorum Bibliothecæ Regiæ. Parisiis, 1739-1744, 4 vol. in-fol., iv-458-[xliv], 626-xlv, xii-632 et 536-cxxxviii pages.

> Tomus I. Pars prima complectens codices mss. orientales (1739).
> Tomus II. Pars secunda complectens codices mss. græcos (1740).
> Tomi III et IV. Pars tertia complectens codices mss. latinos (1744).
>
> On peut rapprocher de ce catalogue les *Notices et extraits des manuscrits*, dont la publication a été commencée en 1787 et qui sont portés plus loin sous le n° 121.

MANUSCRITS ORIENTAUX.

49. Manuscrits orientaux. — Catalogues des MANUSCRITS HÉBREUX et SAMARITAINS de la Bibliothèque impériale, [par H. Zotenberg]. [Paris, 1866,] in-4°, viii et 263 pages.

> N°ˢ 1-1313 et n°ˢ 1-11.

50. Manuscrits orientaux. — Catalogues des MANUSCRITS SYRIAQUES et SABÉENS (mandaïtes) de la Bibliothèque nationale, [par H. Zotenberg]. [Paris, 1874,] in-4°, viii et 248 pages.

> N°ˢ 1-288 et n°ˢ 1-19.

51. Notice sur les MANUSCRITS SYRIAQUES de la Bibliothèque nationale acquis depuis 1874 (n°ˢ 289-334), rédigée par M. J.-B. Chabot. [Paris, 1896,] in-4°, 19 pages.

52. Manuscrits orientaux. — Catalogue des MANUSCRITS ÉTHIOPIENS (gheez et amharique) de la Bibliothèque nationale, [par H. Zotenberg]. [Paris, 1877,] in-4°, v et 287 pages.

Nᵒˢ 1-170.

53. Bibliothèque nationale. Département des manuscrits. — Catalogue des MANUSCRITS ARABES, par M. le baron de Slane, membre de l'Institut. Paris, 1893-1895, in-4°, IV et 820 pages.

Publié par M. H. Zotenberg. — Nᵒˢ 1-4665.

54. Catalogue des MANUSCRITS SANSKRITS de la Bibliothèque impériale, par MM. Alexandre Hamilton et L. Langlès. Paris, 1807, in-8°, 118 pages.

242 numéros.

54 bis. La collection HENNECART de la Bibliothèque nationale, par M. L. Feer. Traductions et autres travaux du docteur A. Hennecart. Paris, 1877, in-8°, 74 pages.

MANUSCRITS CAMBODGIENS (18 numéros).

MANUSCRITS GRECS.

55. Inventaire sommaire des MANUSCRITS GRECS de la Bibliothèque nationale, par Henri Omont. Paris, 1886-1898, 4 vol. in-8°, VI-299, 281, 407 et CIII-... pages.

Tome I. Ancien fonds grec (n°ˢ 1-1318). — Tome II. Ancien fonds grec (n°ˢ 1319-2541). — Tome III. Ancien fonds grec (n°ˢ 2542-3117); Coislin (n°ˢ 1-400); Supplément (n°ˢ 1-1223); Manuscrits grecs des autres bibliothèques de Paris (n°ˢ 1-78) et des Départements (n°ˢ 1-108). — Tome IV. Introduction; additions; table générale alphabétique.

56. Inventaire sommaire des manuscrits du SUPPLÉMENT GREC de la Bibliothèque nationale, par Henri Omont. Paris, 1883, in-8°, XVI-139 pages.

Nᵒˢ 1-1010.

57. Catalogus codicum HAGIOGRAPHICORUM GRAECORUM Bibliothecae nationalis Parisiensis, ediderunt Hagiographi Bollandiani et

Henricus Omont. Bruxellis et Parisiis, 1896, in-8°; viii-372 pages.

58. Bibliothèque nationale. Catalogue des MANUSCRITS GRECS, latins, français, espagnols, et des portulans, recueillis par feu Emmanuel Miller, publié par Henri Omont. Paris, 1897, in-8°, xv-137 pages, et 4 planches de fac-similés.

> Cent six articles, dont 75 manuscrits grecs.

59. Catalogues des MANUSCRITS GRECS de Fontainebleau sous François Ier et Henri II, publiés et annotés par Henri Omont. Paris, 1889, grand in-4°, xxxiv-467 pages et 2 planches.

> Catalogues rédigés par Ange Vergèce et Constantin Palæocappa, imprimés avec les caractères grecs de Garamond, gravés par ordre de François Ier et conservés encore aujourd'hui à l'Imprimerie nationale.

60. Description des PEINTURES et autres ornements contenus dans les MANUSCRITS GRECS de la Bibliothèque nationale, par Henri Bordier. Paris, 1883, in-4°, viii-336 pages, figures.

> Les figures dans le texte représentant les motifs principaux des plus belles miniatures et des ornements des manuscrits grecs.

61. Fac-similés des plus anciens MANUSCRITS GRECS en onciale et en minuscule de la Bibliothèque nationale, du iv° au xii° siècle, publiés par Henri Omont. Paris, 1892, in-fol., 18 pages et 50 planches.

> Quarante-quatre spécimens d'écriture onciale, et fac-similés des plus anciens manuscrits en minuscule de Platon, Démosthène, Aristote, Longin, Hésiode, Hermogène, Anthologie grecque, etc.

62. Fac-similés des MANUSCRITS GRECS datés de la Bibliothèque nationale, du ix° au xiv° siècle, publiés par Henri Omont. Paris, 1891, in-fol., xiv-24 pages et 100 planches.

> Cent vingt et un fac-similés donnant des spécimens de l'écriture de tous les manuscrits grecs à date certaine, du ix° au xiii° siècle, conservés à la Bibliothèque nationale, et d'un choix de ceux du xiv° siècle. — Les textes de toutes les souscriptions des copistes, du ix° au xiv° siècle, sont publiés dans l'introduction, qui contient une bibliographie des recueils de fac-similés de manuscrits grecs et un tableau chronologique des fac-similés de manuscrits grecs du viii° au xvi° siècle.

63. Fac-similés des MANUSCRITS GRECS des xv° et xvi° siècles, reproduits en photolithographie d'après les originaux de la Biblio-

thèque nationale et publiés par Henri Omont. Paris, 1887,
in-4°, 15 pages et 50 planches.

Fac-similés de l'écriture des principaux copistes grecs de la Renaissance
en Italie et en France.

64. Les MANUSCRITS GRECS datés des xv° et xvi° siècles de la Bibliothèque nationale et des autres bibliothèques de France, par
H. Omont. Paris, 1892, in-8°, 87 pages.

Textes de toutes les souscriptions des copistes des manuscrits grecs datés
du xv° et du xvi° siècle conservés à la Bibliothèque nationale et dans les
autres bibliothèques de France.

65. Fac-similés des miniatures des plus anciens MANUSCRITS GRECS de
la Bibliothèque nationale, du ix° au xii° siècle, par Henri
Omont. Paris, 1898, in-fol., 70 planches. (*Sous presse.*)

Reproduction de toutes les miniatures des quatre plus anciens et plus
précieux manuscrits grecs à peintures de la Bibliothèque nationale : le Psau-
tier, n° 139 ; le Saint Grégoire de Nazianze, n° 510 ; le Saint Jean Chrysos-
tome, Coislin 79 ; et le Nicandre, Supplément grec 247.

66. Très anciens MANUSCRITS GRECS bibliques et classiques de la Bibliothèque nationale, présentés à Sa Majesté Nicolas II, empereur
de toutes les Russies, et à Sa Majesté l'impératrice Alexandra
Feodorowna lors de leur visite à Paris (octobre 1896). Paris,
1896, in-fol., 44 pages et 20 planches.

Notices par H. Omont.

67. Vetus Testamentum graece. Codicis Sarraviani-Colbertini quae
supersunt in bibliothecis Leidensi, Parisiensi, Petropolitana
phototypice edita ; præfatus est Henricus Omont. Lugduni
Batavorum, 1897, in-fol., xii pages et 306 planches.

Manuscrit en onciale du v° siècle, conservé en partie à Leyde (Vossianus,
gr. quarto 8) et à Paris (manuscrit grec 17).

68. Demosthenis orationum codex Σ. — OEuvres complètes de Démosthène, fac-similé du manuscrit grec 2934 de la Bibliothèque nationale, publié par Henri Omont. Paris, 1892-1893,
2 vol. in-fol., 33 pages et 534 planches doubles.

Manuscrit, en minuscule du x° siècle, offrant le recueil le plus complet et
le texte le plus ancien des OEuvres de Démosthène.

69. Catalogues des livres grecs et latins imprimés par Alde Manuce,
à Venise (1498-1503-1513), reproduits en phototypie, avec

une préface par Henri Omont. Paris, 1892, grand in-fol.
15 pages et 9 planches.

> Premiers catalogues officinaux d'Alde Manuce, dont les exemplaires imprimés uniques sont conservés dans le manuscrit grec 3064 de la Bibliothèque nationale.

MANUSCRITS LATINS.

70. Inventaire des MANUSCRITS LATINS conservés à la Bibliothèque nationale sous les numéros 8823-18613 et faisant suite à la série dont le catalogue a été publié en 1744, par Léopold Delisle, membre de l'Institut, conservateur du Département des manuscrits de la Bibliothèque nationale. Paris, 1863-1871 [et 1874], in-8°, 127, 132, 79, 77, 105, xxxii et 16 pages.

> Anciens fonds du Supplément latin (nᵒˢ 8823-11503); — Saint-Germain-des-Prés (nᵒˢ 11504-14231), — Saint-Victor (nᵒˢ 14232-15174), — Sorbonne (nᵒˢ 15175-16718), — Notre-Dame, etc. (nᵒˢ 16719-18613); — État des manuscrits latins de la Bibliothèque nationale au 1ᵉʳ août 1871; — Nouvelles acquisitions du 1ᵉʳ août 1871 au 1ᵉʳ mars 1874.

71. Bibliothèque nationale. — MANUSCRITS LATINS et FRANÇAIS entrés aux fonds des nouvelles acquisitions pendant les années 1875-1891. Inventaire alphabétique par Léopold Delisle, membre de l'Institut, administrateur général de la Bibliothèque nationale. Paris, 1891, 2 vol. in-8°, LXXXVIII-856 pages.

> La préface contient une statistique des collections du Département des manuscrits et une bibliographie alphabétique des catalogues des différentes collections de manuscrits de la Bibliothèque nationale.

72. Bibliothèque nationale. — Nouvelles acquisitions du département des manuscrits pendant les années 1891-1895; inventaire sommaire par Henri Omont. Paris, 1892-1898, 4 fasc. in-8°, 50, 71, 70 et 55 pages.

> Manuscrits LATINS et FRANÇAIS des nouvelles acquisitions.

73. Mélanges de paléographie et de bibliographie, par Léopold Delisle, membre de l'Institut, directeur de la Bibliothèque nationale. Paris, 1880, in-8°, IX-507 pages.

> Manuscrits de l'abbaye de SILOS acquis pour la Bibliothèque nationale (p. 53-116); manuscrits du cabinet de M. DIDOT acquis pour la Biblio-

thèque nationale (p. 149-165); manuscrits divers acquis par la Bibliothèque nationale en 1877, 1878 et 1879 (p. 359-499); etc.

74. Les collections de Bastard d'Estang à la Bibliothèque nationale. Catalogue analytique, par Léopold Delisle, membre de l'Institut, administrateur général de la Bibliothèque nationale. Nogent-le-Rotrou, 1885, in-8°, xxii-338 pages.

Chartes; sceaux; *Peintures et ornements des manuscrits;* recueils divers, provenant du comte de Bastard d'Estang.

75. Inventaire des manuscrits de la Bibliothèque nationale. Fonds de Cluni, par Léopold Delisle, membre de l'Institut, directeur de la Bibliothèque nationale. Paris, 1884, in-8°, xxv-413 pages.

Deux cent vingt-six manuscrits, la plupart latins, cartulaires et recueils de chartes, du ix° au xvii° siècle, presque tous entrés à la Bibliothèque nationale, en 1881, en vertu d'arrangements conclus avec la ville de Cluny.

76. Collections de M. Jules Desnoyers. — Catalogue des manuscrits anciens et des chartes, par Léopold Delisle. — Notice sur un recueil historique du xviii° siècle, par Marcel de Fréville. Paris, 1888, in-8°, viii-84 pages.

Quarante-neuf manuscrits latins et français.

77. Manuscrits légués à la Bibliothèque nationale par Armand Durand; [notices publiées par M. L. Delisle]. Nogent-le-Rotrou, 1894, in-8°, 34 pages.

Cinq manuscrits latins et français.

78. Bibliothèque nationale. — Catalogue des manuscrits du fonds de La Trémoille, par Léopold Delisle, membre de l'Institut, administrateur général de la Bibliothèque nationale. Paris, 1889, in-8°, 51 pages.

Deux manuscrits grecs, cinq manuscrits à peintures, dix manuscrits latins et français, intéressants comme documents historiques, et trente-deux manuscrits latins d'origine italienne.

79. Bibliothèque nationale. — Catalogue des manuscrits des fonds Libri et Barrois, par Léopold Delisle, membre de l'Institut, administrateur général de la Bibliothèque nationale. Paris, 1888, in-8°, xcviii-331 pages et 7 planches.

Cent quatre-vingts manuscrits latins et français, la plupart dérobés à la Bibliothèque nationale et aux bibliothèques de Lyon, Orléans, Tours, etc., conservés en dernier lieu dans les collections de lord Ashburnham. — La préface, mise en tête du catalogue par M. L. Delisle, contient l'historique de la formation de ces collections et des négociations qui ont abouti à la réintégration dans nos collections nationales du plus grand nombre de ces manuscrits.

80. Catalogus codicum HAGIOGRAPHICORUM LATINORUM, antiquiorum sæculo XVI, qui asservantur in Bibliotheca nationali Parisiensi, ediderunt Hagiographi Bollandiani. Bruxellis et Parisiis, 1889-1893, 4 vol. in-8°, VIII-606, XV-646, 739 et 102 pages.

81. Notices et extraits de quelques MANUSCRITS LATINS de la Bibliothèque nationale, par B. Hauréau, membre de l'Institut. Paris, 1890-1893, 6 vol. in-8°, VII-406, 371, 352, 341, 350 et 343 pages.

MANUSCRITS FRANÇAIS.

82. Bibliothèque impériale [nationale]. Département des manuscrits. — Catalogue des MANUSCRITS FRANÇAIS, tome I [à IV]. Ancien fonds, publié par ordre de l'Empereur [du Gouvernement]. Paris, 1868-1895, 4 vol. in-4°, IX-783, 810, 800 et 800 pages.

> Tome I (1868), n°' 1-3130; tome II (1874), n°' 3131-3766; tome III (1881), n°' 3767-4586; tome IV (1895), n°' 4587-5525; n°' 5526-6170 (*sous presse*).

83. Bibliothèque nationale. Catalogue général des MANUSCRITS FRANÇAIS, par Henri Omont, avec la collaboration de C. Couderc, L. Auvray et Ch. de La Roncière. Paris, 1895-1898, 5 vol. in-8°, XII-412, XII-637, X-444, XI-654 et XIV-456 pages.

> Ancien Supplément français, tomes I à III (n°' 6171-15369).
> Ancien Saint-Germain français, tomes I et II (n°' 15370-20064).
> Anciens Petits fonds français, tomes I à III (n°' 20065-33264).
> Les tomes II de l'Ancien Saint-Germain et I et II des Petits fonds français sont *sous presse*.

84. Les MANUSCRITS FRANÇOIS de la Bibliothèque du Roi, leur histoire et celle des textes allemands, anglois, hollandois, italiens, espagnols de la même collection, par M. Paulin PARIS. Paris, 1836-1848, 7 vol. in-8°, XXXII-394, XXXII-408, VII-431, III-471, VI-511, VIII-500 et 473 pages.

> Un millier environ de manuscrits de l'Ancien fonds français sont décrits dans ces sept volumes.

85. Inventaire général et méthodique des MANUSCRITS FRANÇAIS de la
Bibliothèque nationale, par Léopold Delisle, membre de l'Institut, directeur de la Bibliothèque nationale. Paris, 1876-1878, 2 vol. in-8°, CLXIX-201 et 355 pages.

> Tome I : Théologie. — Tome II : Jurisprudence, Sciences et arts. — Une
> longue introduction donne un résumé de l'histoire de la formation du Cabinet des manuscrits et des principales collections qui sont venues successivement s'y fondre et le constituer.

85 *bis*. Bibliothèque nationale. — Inventaire de la Collection ANISSON
sur l'histoire de l'imprimerie et la librairie, particulièrement
à Paris, du XIV° au XVIII° siècle (mss français 22061-22193),
par Ernest Coyecque. Paris, 1898, 2 vol. in-8°. (*Sous presse.*)

> Anisson-Duperron a été le dernier directeur de l'Imprimerie royale au
> XVIII° siècle.

86. Inventaire sommaire de la collection CLÉMENT DE BOISSY sur la
juridiction et la jurisprudence de la Chambre des comptes
(fonds fr. 10991-11082 et nouv. acq. fr. 1565-1660), par
Camille Couderc. Paris, 1895, in-8°, 52 pages.

87. Inventaire sommaire d'une collection du président DE HARLAY
sur diverses matières ecclésiastiques, politiques, etc. (mss
français 15499-15533 de la Bibliothèque nationale), par
L. Auvray. Paris, 1895, in-8°, 32 pages.

88. Bibliothèque nationale. Département des manuscrits. — Inventaire sommaire du fonds de Ch.-M. LE TELLIER, archevêque-duc de Reims (mss français 20707-20770), par Louis de
Grandmaison. Paris, 1894, in-8°, 29 pages.

89. Inventaire sommaire de la collection de Dom POIRIER, conservée
à la Bibliothèque nationale sous les numéros 20800-20852
du fonds français, publié par Louis de Grandmaison. Tours
[Paris], 1896, in-8°, 15 pages.

90. Inventaire sommaire des archives de la Chambre syndicale de la
LIBRAIRIE ET IMPRIMERIE de Paris (mss français 21813-22060
de la Bibliothèque nationale); publié par H. Omont. Paris,
1886, in-8°, 22 pages.

91. Inventaire sommaire des nouvelles collections de TITRES ORIGINAUX
de la Bibliothèque nationale, par Ulysse Robert. Paris, 1877,
in-8°, 100 pages.

> N°ˢ 25697-26484 du fonds français.

COLLECTIONS DIVERSES.

92. Notice sur des collections manuscrites de la Bibliothèque nationale, [par L. Delisle]. [Paris, 1872,] in-8°, 54 pages.

> COLLECTIONS DE PROVINCES : Bourgogne, Bretagne, Champagne, Flandre, Languedoc (Doat et Bénédictins), Lorraine, Périgord, Picardie, Touraine et Vexin.

93. Inventaire des sceaux de la collection CLAIRAMBAULT à la Bibliothèque nationale, par G. Demay, chef de la section historique aux Archives nationales. Paris, 1885-1886, 2 vol. in-4°, 700 et 667 pages.

> (*Collection de documents inédits sur l'histoire de France, n° 94.*)

94. Bibliothèque nationale. Département des estampes. — Inventaire des pièces dessinées ou gravées relatives à l'histoire de France, conservées au Département des manuscrits dans la Collection CLAIRAMBAULT sur l'ordre du Saint-Esprit, rédigé par M. A. Flandrin, sous-bibliothécaire au Département des estampes. Paris, 1887, in-8°, VI-575 pages.

95. Catalogue de la collection DE CAMPS conservée au Département des manuscrits de la Bibliothèque nationale, par Ch. de la Roncière. Paris, 1896, in-8°, 61 pages.

> Nos 1-195 — Copies de pièces exclusivement relatives à l'histoire de France.

96. Catalogue des manuscrits de la Collection DUPUY, par L. Dorez. Paris, 1898, 2 vol. in-8°. (*Sous presse.*)

> Tome I, nos 1-500; tome II, nos 501-958. — Collection de pièces juridiques, littéraires et historiques provenant de Claude Dupuy ou rassemblées par les frères Pierre et Jacques Dupuy et provenant de J.-A. de Thou, des frères Pithou, Peiresc, Bealy, Ant. de Loménie, etc.

97. Inventaire sommaire des Portefeuilles de FONTANIEU, conservés à la Bibliothèque nationale, publié par Henri Omont. Paris, 1898, in-8°, 150 pages.

> Nos 1-881. — Copies de pièces, avec quelques originaux, concernant exclusivement l'histoire de France, classées en une double série chronologique et méthodique.

98. Inventaire sommaire de la Collection JOLY DE FLEURY, par A. Molinier. Paris, 1881, in-8°, xxxxvi-114 pages.

Nᵒˢ 1-2555. — Collection exclusivement relative à l'histoire administrative et judiciaire de la France, principalement aux XVIIᵉ et XVIIIᵉ siècles.

99. Bibliothèque nationale. — Inventaire des manuscrits de la Collection MOREAU, par H. Omont. Paris, 1891, in-8°, XIV-282 pages.

Nᵒˢ 1-1834. — Collection de documents presque exclusivement relatifs à l'histoire et à la littérature anciennes de la France, recueillis, au XVIIIᵉ siècle, dans les différentes archives de France, des Pays-Bas, d'Angleterre et d'Italie pour le Cabinet des chartes.

100. Inventaire sommaire de la Collection du PARLEMENT conservée à la Bibliothèque nationale, par H. Omont. Paris, 1891, in-8°, 39 pages.

Nᵒˢ 1-896. — Quatre collections de copies ou extraits des Registres du Parlement de Paris, dont la plus importante est la première (nᵒˢ 1-522), qui provient des Lamoignon.

101. Inventaire sommaire des manuscrits de la Collection RENAUDOT conservée à la Bibliothèque nationale, publié par H. Omont. Paris, 1890, in-8°, 30 pages.

Nᵒˢ 1-45. — Collection de pièces théologiques, linguistiques et politiques de la seconde moitié du règne de Louis XIV ; affaires d'Angleterre, d'Espagne, de Rome et de la Chine.

102. Inventaire de la Collection VISCONTI, conservée à la Bibliothèque nationale, publié par H. Omont. Paris, 1891, in-8°, 26 pages.

Nᵒˢ 1-35. — Papiers archéologiques du célèbre antiquaire E.-Q. Visconti.

103. Catalogue des manuscrits conservés à la Bibliothèque nationale sous les nᵒˢ 1 à 725 de la Collection de LORRAINE, par Paul Marichal. Nancy, 1896, in-8°, XLV-480 pages.

La première partie seule de la Collection de Lorraine, qui comprend les mémoires et titres originaux tirés du Trésor des chartes de Lorraine, est décrite dans ce volume; les nᵒˢ 726-984 contiennent les papiers de Vaudémont et une série de chartes diverses concernant l'histoire de la Lorraine.

104. Bibliothèque nationale. — Catalogue des collections manuscrites et imprimées relatives à l'histoire de METZ et de la LORRAINE, léguées par M. Auguste Prost, [par H. Omont]. Paris, 1897, in-8°, 114 pages.

Cent quarante-cinq volumes manuscrits ou recueils de pièces originales, la plupart en français.

MANUSCRITS EN LANGUES MODERNES.

105. Catalogue des MANUSCRITS ALLEMANDS de la Bibliothèque nationale, par Gédéon Huet. Paris, 1895, in-8°, III-176 pages.

N°⁸ 1-333.

106. Catalogue des MANUSCRITS ANGLAIS de la Bibliothèque nationale, par Gaston Raynaud. Paris, 1884, in-8°, 80 pages.

N°⁸ 1-95.

107. Catalogue des MANUSCRITS CELTIQUES et BASQUES de la Bibliothèque nationale, par Henri Omont. Paris, 1890, in-8°, 46 pages.

N°⁸ 1-105.

108. Catálogo razonado de los MANUSCRITOS ESPAÑOLES existentes en la Biblioteca Real de Paris, seguido de un suplemento que contiene los de las otras tres bibliotecas públicas (del Arsenal, de Santa Genoveva y Mazarina), por Eugenio de Ochoa. Paris, 1844, in-4°, XI-703 pages.

109. Bibliothèque nationale. Département des manuscrits. — Catalogue des MANUSCRITS ESPAGNOLS et des manuscrits portugais, par Alfred Morel-Fatio. Paris, 1892, in-4°, XXVII-423 pages.

110. I MANOSCRITTI ITALIANI della Regia Biblioteca Parigina, descritti ed illustrati dal dottore Antonio Marsand. Parigi, 1835-1838, 2 vol. in-4°, XV-867 et VII-512 pages.

Le titre du tome II porte en plus la mention : «Volume II°, che contiene altresi la descrizione e l'illustrazione de' manoscritti italiani delle tre Regie Biblioteche, l'*Arsenale* — *Santa Genovefa* — la *Mazarina.*»

111. Inventaire des MANUSCRITS ITALIENS de la Bibliothèque nationale, qui ne figurent pas dans le catalogue de Marsand, par Gaston Raynaud. Paris, 1882, in-8°, 152 pages.

112. Inventaire sommaire des dépêches des ambassadeurs vénitiens relatives à la France, déposées au Département des manu-

scrits de la Bibliothèque nationale, par Gaston Raynaud.
Paris, 1878, in-8°, 14 pages.

Manuscrits ITALIENS, n°° 1714-1987.

113. Les manuscrits de DANTE des bibliothèques de France; essai
d'un catalogue raisonné par Lucien Auvray. Paris, 1892,
in-8°, VII-196 pages et 2 planches.

(Bibliothèque des Écoles françaises d'Athènes et de Rome, fascicule LVI.)

114. Catalogue des MANUSCRITS NÉERLANDAIS de la Bibliothèque nationale, par M. Gédéon Huet. Paris, 1886, in-8°, 74 pages.

N°° 1-109.

115. Catalogue des MANUSCRITS DANOIS, ISLANDAIS, NORVÉGIENS et SUÉ-
DOIS de la Bibliothèque nationale de Paris, par Olaf Skæbne
[H. Omont]. Skalholt [Angers], 1885, in-8°, VII-21 pages.

N°° 1-29 ter.

116. Les MANUSCRITS SLAVES de la Bibliothèque impériale de Paris,
par le P. Martinof. Paris, 1858, in-8°, 113 pages et planche
de fac-similés.

42 numéros.

117. Bibliothèque nationale. Département des manuscrits, chartes
et diplômes. Notice des objets EXPOSÉS. Paris, 1878, in-8°,
79 pages.

118. Bibliothèque nationale. Département des manuscrits, chartes
et diplômes. Notice des objets EXPOSÉS. Paris, 1881, in-8°,
85 pages.

119. Bibliothèque nationale. Notice d'un choix de manuscrits des
fonds Libri et Barrois EXPOSÉS dans la salle du Parnasse
français (avril 1888). Paris, 1888, in-8°, 31 pages.

Cf. n° 79.

120. Bibliothèque nationale. Département des manuscrits. — Catalogue alphabétique des livres imprimés mis à la DISPOSITION
DES LECTEURS dans la salle de travail, suivi de la liste des
catalogues usuels du Département des manuscrits. Paris,
1895, in-8°, 98 pages.

121. Notices et extraits des manuscrits de la Bibliothèque du roi [impériale, puis nationale] et autres bibliothèques, publiés par l'Institut de France. Paris, 1787-1897, 35 vol. in-4°.

A partir du tome VII jusqu'au tome XXXV inclus, les *Notices et extraits des manuscrits* sont divisés en deux parties orientale et occidentale. — Une première table alphabétique des matières renfermées dans les tomes I à XIV, rédigée par MM. Latouche et Longueville père, forme le tome XV (1861); une seconde table alphabétique des matières renfermées dans les tomes XVI à XXIX, rédigée par MM. O. Houdas et J. Havet, forme le tome XXX (1893).

La plupart des manuscrits décrits dans ce recueil font partie des collections de la Bibliothèque nationale; on en trouvera les cotes relevées dans les tables alphabétiques, aux mots *Manuscrits* dans la première et *Bibliothèque* dans la seconde.

---

122. Paléographie universelle. Collection de fac-similés d'écritures de tous les peuples et de tous les temps, tirés des plus authentiques documents de l'art graphique, chartes et manuscrits existant dans les archives et bibliothèques de France, d'Italie, d'Allemagne et d'Angleterre, publiés d'après les modèles écrits, dessinés et peints sur les lieux mêmes par M. Silvestre,... et accompagnés d'explications historiques et descriptives par MM. Champollion-Figeac et Aimé Champollion fils. Paris, 1841, 4 vol. gr. in-fol.

Nombreux fac-similés des plus anciens ou plus beaux manuscrits orientaux, grecs, latins, français et en langues modernes de la Bibliothèque nationale et de différentes bibliothèques d'Europe. — Une édition anglaise a paru sous le titre de *Universal Palæography*, ... with corrections and notes by sir Frederic Madden (London, 1849, 2 vol. in-8° et atlas in-fol.). Un choix des planches de l'édition anglaise a été publié sous le titre de *Palæographical Album* (London et Paris, 1850, gr. in-fol.).

123. Peintures et ornements des manuscrits, classés dans un ordre chronologique pour servir à l'histoire des arts du dessin depuis le IV° siècle de l'ère chrétienne jusqu'à la fin du XVI° siècle, par le comte Auguste de Bastard. Paris, 1832-1869, gr. in-fol.

104 ou 112 planches, publiées en 20 livraisons, pour l'édition française; 128 planches, en 16 livraisons, pour l'édition étrangère. Des fac-similés des plus anciens et plus précieux manuscrits latins et français de la Bibliothèque nationale ont paru dans cette belle collection, restée inachevée et étudiée en détail par M. L. Delisle dans *les Collections de Bastard d'Estang à la Bibliothèque nationale* (1885), p. 230 et suiv. (cf. n° 74).

124. ALBUM PALÉOGRAPHIQUE, ou recueil de documents importants relatifs à l'histoire et à la littérature nationales, reproduits en héliogravure d'après les originaux des bibliothèques et des archives de France, avec des notices explicatives par la Société de l'École des chartes. Paris, 1887, gr. in-fol., 11 pages et 50 planches, avec texte.

> Soixante-sept fac-similés de manuscrits et chartes, du ve au xviie siècle, dont 28 appartiennent à la Bibliothèque nationale, 20 aux Archives nationales, 12 à la bibliothèque de Lyon, etc. — L'introduction est signée de M. L. Delisle.

DÉPARTEMENT DES MÉDAILLES

ET ANTIQUES.

125. Catalogue des MONNAIES MUSULMANES de la Bibliothèque nationale, publié par ordre du Ministre de l'instruction publique, des cultes et des beaux-arts, par M. Henri Lavoix. Khalifes orientaux. — Espagne et Afrique. — Égypte et Syrie. — Paris, 1887-1896, 3 vol. in-8°, LV-587 pages et 10 planches, XLVII-572 pages et 14 pl., IX-562 pages et 10 planches.

126. Catalogue des MONNAIES GRECQUES de la Bibliothèque nationale. Les Perses Achéménides, les satrapes et les dynastes tributaires de leur empire, Cypre et Phénicie, par M. Ernest Babelon. Paris, 1893, in-8°, CXCIV-412 pages et 39 planches.

127. Catalogue des MONNAIES GRECQUES de la Bibliothèque nationale. Les rois de Syrie, d'Arménie et de Commagène, par M. Ernest Babelon. Paris, 1890, in-8°, CCXXIII-268 pages et 32 planches.

128. Inventaire sommaire de la Collection WADDINGTON, acquise par l'État en 1897 pour le Département des médailles et antiques de la Bibliothèque nationale, rédigé par M. Ernest Babelon. Premier fascicule. Paris, 1897, in-8°, xv-152 pages et 5 planches.

> Acquisition de plus de 7,100 médailles grecques, dont 2,815 sont inventoriées dans ce premier fascicule.

129. Ministère de l'Instruction publique et des beaux-arts. Catalogue des MONNAIES GAULOISES de la Bibliothèque nationale, rédigé par M. Ernest Muret et publié par les soins de M. A. Chabouillet. Paris, 1889, in-4°, xxvii-327 pages.

130. Atlas de MONNAIES GAULOISES, préparé par la Commission de topographie des Gaules et publié sous les auspices du Ministère de l'Instruction publique, par Henri de La Tour. Paris, 1892, in-4°, 12 pages et 55 planches.

131. Inventaire sommaire des MONNAIES MÉROVINGIENNES de la collection d'Amécourt, acquises par la Bibliothèque nationale, rédigé par Maurice Prou. Paris, 1890, in-8°, 181 pages et 2 planches.

132. Catalogue raisonné de la collection des DENIERS MÉROVINGIENS des VII° et VIII° siècles de la trouvaille de Cimiez, donnée au Cabinet des médailles de la Bibliothèque nationale par M. Arnold Morel-Fatio, rédigé par le donateur et publié selon ses vœux par M. A. Chabouillet. Paris, 1890, in-8°, xviii-66 pages et 11 planches.

133. Catalogue des monnaies françaises de la Bibliothèque nationale. Les MONNAIES MÉROVINGIENNES, par M. Maurice Prou. Paris, 1892, in-8°, cxx-630 pages, 36 planches et 1 carte.

134. Catalogue des monnaies françaises de la Bibliothèque nationale. — Les MONNAIES CAROLINGIENNES, par Maurice Prou. Paris, 1896, in-8°, lxxxix-143 pages et 23 planches.

135. Catalogue des JETONS de la Bibliothèque nationale. Rois et reines de France, par Henri de La Tour. Paris, 1897, in-8°, xlvi-504 pages et 36 planches.

136. Catalogue général et raisonné des CAMÉES et pierres gravées de la Bibliothèque impériale, suivi d'une description des autres monuments exposés dans le Cabinet des médailles et antiques, par M. Chabouillet. Paris, [1858,] in-12, viii-634 et 8 pages.

137. Fondation Eugène Piot. — Catalogue des CAMÉES antiques et modernes de la Bibliothèque nationale, publié sous les aus-

pices de l'Académie des inscriptions et belles-lettres, par
M. Ernest Babelon. Ouvrage accompagné d'un album de
76 planches. Paris, 1897, in-8°, CLXXX-463 pages et
76 planches.

138. Fondation Eugène Piot. — Catalogue des BRONZES antiques de
la Bibliothèque nationale, publié sous les auspices de l'Académie des inscriptions et belles-lettres, par MM. Ernest
Babelon et J.-Adrien Blanchet. Paris, 1895, in-8°, XLV-
764 pages.

139. Les MONUMENTS ÉGYPTIENS de la Bibliothèque nationale (Cabinet
des médailles et antiques), par E. Ledrain. Paris, 1879-
1881, 3 livraisons in-4°, VIII pages et 100 planches.

  (Bibliothèque de l'École des Hautes-Études, 38° et 47° fascicules.)

140. Les MONUMENTS SABÉENS et HIMYARITES de la Bibliothèque nationale (Cabinet des médailles et antiques), par Hartwig Deren-
bourg. Paris, [1891,] in-16, 47 pages et 1 planche.

  31 numéros.

141. Collection de monnaies et médailles de l'AMÉRIQUE DU NORD, de
1652 à 1858, offerte à la Bibliothèque impériale, tant au
nom du Gouvernement fédéral et des citoyens des divers
États de l'Union américaine qu'en son propre nom, par
Alexandre Vattemare. Catalogue, avec notices historiques et
biographiques, par M. Alexandre Vattemare. Paris, 1851,
in-12, 135 pages.

142. Notice des monumens EXPOSÉS dans le Cabinet des médailles et
antiques de la Bibliothèque du Roi; suivie d'une description
des objets les plus curieux que renferme cet établissement,
de notes historiques sur sa fondation, ses accroissemens, etc.,
et d'un catalogue d'empreintes de pierres gravées, [par
M. Dumersan]. Paris, 1819, in-12, 76 pages.

143. Notice des monumens EXPOSÉS dans le Cabinet des médailles et
antiques de la Bibliothèque du Roi; suivie d'une description
des objets les plus curieux que renferme cet établissement,
de notes historiques sur sa fondation, ses accroissemens, etc.,
par M. Dumersan; nouvelle édition, accompagnée d'un re-

cueil de 42 planches représentant les monumens les plus intéressans de ce cabinet. Paris, 1822, in-8°, 88 pages et 42 planches.

> Une série d'éditions de ce livret, avec une *Notice abrégée* et une *Histoire du Cabinet des médailles*, ont été publiées successivement, sans les planches, jusqu'à la 12ᵉ édition parue en 1886; une dernière édition a été imprimée en 1840.

144. Notice des monuments exposés dans le Cabinet des médailles, antiques et pierres gravées, et dans la Bibliothèque royale, avec l'histoire du Cabinet des médailles et une notice abrégée sur les Départements des livres imprimés, des manuscrits, du Cabinet des estampes, cartes et plans, par Marion Du Mersan. Paris, 1840, in-8°, xvi et 192 pages.

145. Bibliothèque impériale. — Département des médailles, pierres gravées et antiques. — Description sommaire des monuments exposés. Paris, 1867, in-12, 163 pages.

146. Notice sommaire des principaux monuments exposés au Département des médailles et antiques de la Bibliothèque nationale. Paris, 1889, in-8°, 165 pages.

147. A. Chabouillet. — Recherches sur les origines du Cabinet des médailles et particulièrement sur le legs des collections de Gaston, duc d'Orléans, au roi Louis XIV. Paris, 1874, in-8°, 82 pages.

148. Histoire abrégée du Cabinet des médailles et antiques de la Bibliothèque nationale, ou état succinct des acquisitions et augmentations qui ont eu lieu, à dater de l'année 1754 jusqu'à la fin du siècle (an 8 de la République française), par A.-L. Cointreau. Paris, an x-1800, in-8°, viii-248 pages et planche.

149. Le Cabinet des antiques à la Bibliothèque nationale. Choix des principaux monuments de l'antiquité, du moyen âge et de la renaissance conservés au Département des médailles et antiques de la Bibliothèque nationale, par M. Ernest Babelon. Paris, 1887, in-fol., xix-225 pages et 60 planches.

DÉPARTEMENT DES ESTAMPES.

150. Le Cabinet des estampes de la Bibliothèque nationale; guide du lecteur et du visiteur, catalogue général et raisonné des collections qui y sont conservées, par Henri Bouchot. Paris, [1895,] in-8°, xxiv-392 pages.

151. Catalogue de la collection des PORTRAITS français et étrangers, conservée au Département des estampes de la Bibliothèque nationale, rédigé par Georges Duplessis. Paris, 1896-1897, 2 vol. in-8°, iv-399 et 400 pages.

   Tome I : Aa-Bonamy. — Tome II : Bonaparte-Colonius.

152. Bibliothèque nationale. — Inventaire des dessins, photographies et gravures relatifs à l'histoire générale de l'art, légués au Département des estampes de la Bibliothèque nationale par M. A. ARMAND, rédigé par M. François Courboin. Lille, 1895, 2 vol. in-8°, [iv-]419 et 318-lxxxvi pages.

153. Bibliothèque nationale. Département des estampes. — Inventaire de la collection de dessins sur Paris formée par M. H. DES-TAILLEUR et acquise par la Bibliothèque nationale, [rédigé par Fr. Courboin]. Paris, 1891, in-8°, 72 pages.

154. Catalogue de dessins relatifs à l'histoire du théâtre conservés au Département des estampes de la Bibliothèque nationale, avec la description d'estampes rares sur le même sujet, récemment acquises de M. DESTAILLEUR, par Henri Bouchot. Paris, 1896, in-8°, 82 pages.

155. Bibliothèque nationale. Département des estampes. — Inventaire de la collection de dessins sur les départements de la France, formée par M. H. DESTAILLEUR et acquise par la Bibliothèque nationale, [rédigé par Adr. Moureau]. Paris, 1897, in-8°, 265 pages.

156. Bibliothèque nationale. Département des estampes. — Inventaire des dessins et estampes relatifs au département de l'Aisne, recueillis et légués à la Bibliothèque nationale par M. Édouard FLEURY; rédigé par M. H. Bouchot. Paris, 1887, in-8°, iv-335 pages.

157. Bibliothèque nationale. — Inventaire des dessins exécutés pour
　　　Roger DE GAIGNIÈRES et conservés aux Départements des es-
　　　tampes et des manuscrits, par Henri Bouchot. Paris, 1891,
　　　2 vol. in-8°, xxviii-506 et 565 pages.

158. Inventaire de la collection d'estampes relatives à l'histoire de
　　　France, léguée en 1863 à la Bibliothèque nationale par
　　　M. Michel HENNIN, par Georges Duplessis. Paris, 1877-1885,
　　　5 vol. in-8°, viii-479, 464, 449, 488 et 428 pages.

159. Catalogue de la collection de pièces sur les beaux-arts, impri-
　　　mées et manuscrites, recueillie par Pierre-Jean MARIETTE,
　　　Charles-Nicolas COCHIN et M. DELOYNES, auditeur des Comptes,
　　　et acquise récemment par le Département des estampes de
　　　la Bibliothèque nationale, par Georges Duplessis. Paris,
　　　1881, in-8°, 224 pages.

160. Les PORTRAITS aux crayons des xvi° et xvii° siècles conservés à
　　　la Bibliothèque nationale (1525-1646); notice, catalogue et
　　　appendice, par Henri Bouchot. Paris, 1884, in-8°, 412 pages.

161. Suite et arrangement des volumes d'estampes dont les planches
　　　sont à la Bibliothèque du Roy. Paris, 1727, in-folio,
　　　28 pages.

162. Le Département des estampes à la Bibliothèque nationale; notice
　　　historique, suivie d'un catalogue des estampes exposées dans
　　　les salles de ce département, par le vicomte Henri Dela-
　　　borde. Paris, 1875, in-8°, 442 pages.

163. Notice des estampes EXPOSÉES à la Bibliothèque du Roi, conte-
　　　nant des recherches historiques et critiques sur ces gravures
　　　et sur leurs auteurs, [par Duchesne aîné]. Paris, 1819,
　　　in-8°, xx et 94 pages.

164. Notice des estampes EXPOSÉES à la Bibliothèque du Roi, conte-
　　　nant des recherches historiques et critiques sur ces estampes
　　　et sur leurs auteurs; précédée d'un essai sur l'origine, l'ac-
　　　croissement et la disposition méthodique du Cabinet des
　　　estampes, [par Duchesne aîné]. Paris, 1823, in-8°, xxiii et
　　　119 pages.

165. Notice des estampes ᴇxᴘᴏsᴇᴇs à la Bibliothèque royale, formant
un aperçu historique des produits de la gravure, avec des
recherches sur l'origine, l'accroissement et la disposition
méthodique du Cabinet des estampes, par Duchesne aîné.
3ᵉ édition. Paris, 1837, in-8°, xx et 215 pages.

166. Description des estampes ᴇxᴘᴏsᴇᴇs dans la galerie de la Bibliothèque impériale, formant un aperçu historique des produc-
tions de l'art et de la gravure, accompagnée de recherches
sur l'origine, l'accroissement et la disposition méthodique de
la collection, par J. Duchesne aîné; précédée d'une notice
biographique sur sa vie et ses ouvrages, [par Paulin Paris].
Paris, 1855, in-8°, xxxvii-xvi et 211 pages.

167. Bibliothèque nationale. Département des estampes. — Notice
des objets ᴇxᴘᴏsᴇs. Paris, 1878, in-8°, 39 pages.

168. Bibliothèque nationale. Département des estampes. — Notice
des objets ᴇxᴘᴏsᴇs. Paris, 1881, in-8°, 39 pages.

169. Athènes au xviiᵉ siècle. Dessins des sculptures du Parthénon,
attribués à J. Carrey et conservés à la Bibliothèque nationale, accompagnés de vues et plans d'Athènes et de l'Acro-
pole, publiés par Henri Omont. Paris, 1897, in-fol., iv-
25 pages et 46 planches.

———

170. Bibliothèque nationale. Imprimés, manuscrits, estampes. —
Notice des objets ᴇxᴘᴏsᴇs. Paris, 1881, in-8°, 146, 85
et 39 pages.

Une première édition de cette *Notice* avait paru en 1878, sans titre
général, en 3 fascicules séparés, qui ont été précédemment signalés.

171. Bibliothèque nationale. Notice des objets ᴇxᴘᴏsᴇs dans la salle
du Parnasse français à l'occasion du second centenaire de la
mort de Pierre Corneille (octobre 1884). Paris, 1884, in-8°,
55 pages.

172. Bibliothèque nationale. Notice d'un choix de manuscrits, d'imprimés et d'estampes, acquis dans ces dernières années et
ᴇxᴘᴏsᴇs dans le vestibule (mai 1889). Paris, 1889, in-8°,
51 pages.

173. Bibliothèque nationale. Choix de manuscrits, d'imprimés, de cartes et de médailles exposés à l'occasion du Congrès des orientalistes. Septembre 1897. Paris, 1897, in-12, 98 pages et 2 planches.

BIBLIOTHÈQUES PUBLIQUES DE FRANCE.

1

BIBLIOTHÈQUES DE PARIS.

BIBLIOTHÈQUE DE L'ARSENAL.

174. Catalogue des MANUSCRITS de la bibliothèque de l'Arsenal, par Henry Martin. Paris, 1885-1896, 9 vol. in-8°, xii-562, 493, 512, 525, 487, 515, 686, lxxix-273 et 984 pages.

> Tomes I-VII, 8,807 numéros; le tome VII contient la Table générale. — Le tome VIII (sous presse) contiendra l'histoire de la formation des collections de la bibliothèque de l'Arsenal.
>
> Tome IX. ARCHIVES DE LA BASTILLE, par Frantz Funck-Brentano (1892-1894), 2 tomes en 1 vol.; 12,727 numéros.

175. Catalogue des ESTAMPES, dessins et cartes composant le cabinet des estampes de la bibliothèque de l'Arsenal, par Gaston Schéfer. Paris, 1894-1898, 5 fasc. in-8°, 320 col.

BIBLIOTHÈQUE MAZARINE.

176. Catalogue des MANUSCRITS de la bibliothèque Mazarine, par Auguste Molinier. Paris, 1885-1892, 4 vol. in-8°, xlvii-530, 536, 397 et 324 pages.

> 4,494 numéros.

177. Catalogue des INCUNABLES de la bibliothèque Mazarine, par Paul Marais et A. Dufresne de Saint-Léon. Paris, 1893, in-8°, viii-811 pages.

178. Histoire de la bibliothèque Mazarine, depuis sa fondation jusqu'à nos jours, par Alfred Franklin. Paris, 1860, in-8°,
v-313 pages.

BIBLIOTHÈQUE SAINTE-GENEVIÈVE.

179. Les éléments d'une grande bibliothèque. Catalogue abrégé de
la bibliothèque Sainte-Geneviève, par E. Poirée et G. La-
mouroux; introduction par M. H. Lavoix, administrateur de
la bibliothèque Sainte-Geneviève : Les bibliothèques et leur
public. Paris, [1889-1897,] in-8°, xxxvii et 1014 pages.

180. Bibliothèque Sainte-Geneviève. — Bulletin mensuel des ouvrages récemment entrés à la bibliothèque. Paris, 1885-
1896, 12 fasc. in-8°.

> Tomes I à IV, gr. in-8°, autographiés; tomes VII à XII, impr. in-8° :
> tome VII (1891), 112 pages; tome VIII (1892) [126 pages]; tome IX
> (1893) [88 pages]; tome X (1894), 96 pages; tome XI (1895), 88 pages;
> tome XII (1896), 88 pages.

181. Catalogue des MANUSCRITS de la bibliothèque Sainte-Geneviève,
par Ch. Kohler. Paris, 1893-1897, 2 vol. in-8°, vii-651 et
1,116 pages.

> 3,414 numéros. — L'introduction est sous presse.

182. Catalogue des INCUNABLES de la bibliothèque Sainte-Geneviève,
rédigé par Daunou, publié par M. Pellechet; introduction
de H. Lavoix, administrateur de la bibliothèque. Paris,
1892, in-8°, xxviii-310 pages et portrait.

183. Histoire de la bibliothèque Sainte-Geneviève,... par Alfred
de Bougy. Paris, 1847, in-8°, vi-427 pages.

---

184. Inventaire sommaire des manuscrits grecs conservés dans les
bibliothèques publiques de Paris autres que la Bibliothèque
nationale, par Henri Omont. Paris, 1883, in-8°, 10 pages.

> Bibliothèques Mazarine, de l'Arsenal, Sainte-Geneviève, de l'Univer-
> sité, de la Faculté de médecine, de l'Institut de France et du Musée du
> Louvre.

II

BIBLIOTHÈQUES DES DÉPARTEMENTS.

185. Catalogue général des MANUSCRITS des bibliothèques publiques des départements, publié sous les auspices du Ministre de l'instruction publique. Paris, 1849-1885, 7 vol. in-4°.

> Tome I : Autun, Laon, Montpellier (école de médecine et ville), Albi (1849).
>
> Tome II : Troyes (1855).
>
> Tome III : Saint-Omer, Épinal, Saint-Dié, Saint-Mihiel, Schlestadt (1861).
>
> Tome IV : Arras, Avranches, Boulogne (1872).
>
> Tome V : Metz, Verdun, Charleville (1879).
>
> Tome VI : Douai (1878).
>
> Tome VII : Toulouse, Nîmes (1885).

186. Ministère de l'instruction publique et des beaux-arts. — Catalogue général des MANUSCRITS des bibliothèques publiques de France. — Départements, [par divers], tomes I-XXXVII. Paris, 1885-1898, 37 vol. in-8°.

> Tome I : Rouen (1886).
>
> Tome II : Rouen (suite et fin), Dieppe, Eu, Fécamp, Elbeuf, Gournay-en-Bray, Le Havre, Neufchâtel-en-Bray, Bernay, Conches, Gisors, Louviers, Verneuil, Évreux, Alençon, Montivilliers (1888).
>
> Tome III : Châlons-sur-Marne, Soissons, Moulins, Ajaccio, Agen, Saint-Quentin, Provins, Beauvais, Meaux, Melun, Noyon, Corbeil, Coulommiers, Vendôme (1885).
>
> Tome IV : Bourges, Issoudun, Brioude, Brive, Guéret, Châteauroux, Dinan, Lamballe, Clamecy, Bourmont, Apt, Libourne, Nancy, Aire-sur-la-Lys, Béthune, Calais, Saint-Pol, Hesdin, Roubaix, Privas, Laval, Mende, Saint-Amand, Auch (1886).
>
> Tome V : Dijon (1889).
>
> Tome VI : Auxerre, Tonnerre, Avallon, Joigny, Sens, palais de Fontainebleau, Nemours, Bourg, Nantua, Trévoux, Pont-de-Vaux, Châtillon-sur-Seine, Beaune, Montbard, Semur, Auxonne, Autun, Châtelles, Cluny, Mâcon, Chalon-sur-Saône, Tournus, Gray, Vésoul, Baume-les-Dames, (1887).

Tome VII : Grenoble (1889).

Tome VIII : La Rochelle (1889).

Tome IX : Salins, Lure, Pontarlier, Pau (ville), Pau (palais), Bayonne, La Ferté-Bernard, Narbonne, Périgueux, Digne, Châteauroux, Dreux, Aurillac, Cahors, Saint-Germain-en-Laye, Pontoise, Rodez, Versailles, Lagny, Coulommiers, Hyères, Corte (école Paoli), Bastia, Abbeville, Villeneuve-sur-Yonne, Limoges, Mirecourt (1888).

Tome X : Avranches, Coutances, Valognes, Cherbourg, Bayeux, Condé-sur-Noireau, Falaise, Flers, Domfront, Argentan, Lisieux, Honfleur, Saint-Lô, Mortain, chapitre de Bayeux, Pont-Audemer, Vire (1889).

Tome XI : Chartres (1889).

Tome XII : Orléans (1889).

Tome XIII : Vitry-le-François, Rambervillers, Pont-à-Mousson, Sedan, Perpignan, Cette, Lectoure, Oloron, Saint-Geniès, Saint-Chamond, Moissac, Valence, Thiers, Tulle, Uzès, Mauriac, Mamers, Annonay, Carcassonne, Saintes, Fougères, Morlaix, Pithiviers, La Roche-sur-Yon, Belfort, Montbéliard, Le Puy, Alais, Saint-Brieuc, Dôle (1891).

Tome XIV : Clermont-Ferrand, Caen, Toulon, Draguignan, Fréjus, Grasse, Nice, Tarascon (1890).

Tome XV : Marseille (1892).

Tome XVI : Aix (1894).

Tome XVII : Cambrai (1891).

Tome XVIII : Alger (1893).

Tome XIX : Amiens (1893).

Tome XX : Le Mans, Château-Gontier, Saint-Malo, Villefranche (Rhône), Vannes, Guingamp, Saint-Calais, Saumur, Angoulême, Castelnaudary, Castres, Lavaur, Béziers, Nogent-le-Rotrou, Seilhac, Avesnes, Arles, Mantes, Montargis, Cannes, Briançon (1893).

Tome XXI : Chaumont, Langres, Arbois, Lons-le-Saunier, Poligny, Saint-Claude, Sainte-Menehould, Toul, Nogent-sur-Seine, Remiremont, Lunéville, Louhans, Chambéry, Annecy, Rochefort, Saint-Étienne, Pamiers, Confolens, Constantine, Châteaudun, Cognac, Montbrison, Roanne, Saint-Bonnet-le-Château, Vienne (1893).

Tome XXII : Nantes, Quimper, Brest (1893).

Tome XXIII : Bordeaux (1894).

Tome XXIV : Rennes, Lorient, Lannion, Vitré, Montreuil-sur-Mer, Étampes, Clermont-de-l'Oise, Senlis, Gien, Fontainebleau, Château-Thierry, Épernay, Blois, Loches, Neufchâteau, Bourbonne, Condom, Bar-le-Duc, Nevers, Compiègne, Mont-de-Marsan (1894).

Tome XXV : Poitiers, Valenciennes (1894).

Tome XXVI : Lille, Dunkerque, Bergues, Roye, Péronne, Ham, La Châtre (1897).

Tomes XXVII-XXIX : Avignon, tomes I-III (1894-1898).

Tome XXX : Lyon (1898).

Tome XXXI : Lyon (Palais des Arts), Briey, Gien, Confolens, Riom, Gaillac, Villeneuve-sur-Lot, Lunel, Montauban, Angers, Niort, Orange, Saint-Hippolyte-sur-le-Doubs, Tarbes, Bagnères-de-Bigorre, Foix, Saint-Mandé, Villefranche-de-Rouergue, Trie-sur-Baise (1898).

Tomes XXXII et XXXIII : Besançon, tomes I et II (1898).

Tomes XXXIV et XXXV : Carpentras, tomes I et II (1898).

Tome XXXVI : Tours (1898).

Tome : XXXVII : Reims (1898).

Catalogue des manuscrits grecs des départements, par H. Omont. Paris, 1886, in-8°.

Catalogue des manuscrits conservés dans les dépôts d'archives départementales, communales et hospitalières, [par divers]. Paris, 1886, in-8°.

187. Inventaire sommaire des manuscrits des bibliothèques de France dont les catalogues n'ont pas été imprimés, publié par Ulysse Robert. Paris, [1879-]1896, in-8°, xxxvi-607 pages.

---

188. Ministère de l'instruction publique et des beaux-arts. — Catalogue général des INCUNABLES des bibliothèques publiques de France, par M. Pellechet. — Abano-Biblia. Paris, 1897, in-8°, xiii-602 pages.

Tome I, contenant 2,386 articles, dont 1,657 sont représentés dans les collections de la Bibliothèque nationale.

---

189. Recueil de LOIS, décrets, ordonnances, arrêtés, circulaires, etc., concernant les BIBLIOTHÈQUES publiques, communales, universitaires, scolaires et populaires, publié sous les auspices du Ministère de l'instruction publique, par Ulysse Robert. Paris, 1883, in-8°, 258 pages.

190. Annuaire des BIBLIOTHÈQUES et des ARCHIVES pour 1886[-1897], publié sous les auspices du Ministère de l'instruction publique, [par Ulysse Robert]. Paris, 1886-1897, 12 vol. in-12, 188, 201, 212, 212, 222, 226, 231, 240, 240, 240, 249 et 275 pages.

191. Bulletin des BIBLIOTHÈQUES et des ARCHIVES, publié sous les auspices du Ministère de l'instruction publique, [par Ulysse Robert]. Paris, 1884-1889, 6 vol. in-8°, 358, 235, 172, 288, 208 et 356 pages.

IV

SERVICE DES ARCHIVES.

—

ARCHIVES NATIONALES.

1. TABLEAU SYSTÉMATIQUE des Archives de l'Empire au 15 août 1811.
[Paris], Baudouin, [1811,] in-4°, 20 pages.

> Deux états différents de ce Tableau : l'un sans l'indication du nombre des
> registres et liasses; l'autre, tiré en placards, avec cette indication. — Cf.
> Bordier, *Archives de la France*, p. 396; et l'introduction (p. xxvi) de M. H.
> Harrisse à *Christopher Columbus, his own Book of Privileges, 1502* (Lon-
> don, 1893, in-fol.).

2. Ministère de la maison de l'Empereur et des beaux-arts. — Inventaires et documents publiés par ordre de l'Empereur sous
la direction de M. le marquis de Laborde, directeur général
des Archives de l'Empire, membre de l'Institut. — INVENTAIRE
GÉNÉRAL SOMMAIRE des Archives de l'Empire. Paris, 1867, in-4°,
390 colonnes.

3. Ministère de l'instruction publique, des cultes et des beaux-arts.
— Inventaires et documents publiés par la direction générale
des Archives nationales. — INVENTAIRE SOMMAIRE et TABLEAU
MÉTHODIQUE des fonds conservés aux Archives nationales. Première partie : Régime antérieur à 1789. Paris, 1871-1875,
vii-848 colonnes et 196 pages.

4. Archives nationales. — ÉTAT SOMMAIRE PAR SÉRIES des documents
conservés aux Archives nationales. Paris, 1891, in-4°, xiv et
880 pages.

5. Ministère de l'instruction publique et des beaux-arts. — Catalogue des MANUSCRITS conservés aux Archives nationales. Paris,
1892, in-8°, ii-532 pages.

> 2,913 numéros.

6. Ministère de l'instruction publique, des beaux-arts et des cultes.
— Archives nationales. — Inventaires et documents publiés
par l'Administration des Archives nationales. — Inventaire
des arrêts du CONSEIL D'ÉTAT (règne de Henri IV), par M. Noël
Valois. Paris, 1886-1893, 2 vol. in-4°, CLII-483 et 844 pages.

Série E. — 15,698 numéros.

7. Procès-verbaux du CONSEIL DE COMMERCE (1700-1791); inventaire
analytique (série F¹²), par P. Bonnassieux. 1 vol. in-4°
(*sous presse*).

8. LAYETTES DU TRÉSOR DES CHARTES, par M. Alexandre Teulet et
M. Joseph de Laborde. Paris, 1863-1881, 3 vol. in-4°,
LXXVII-LXXVI-649, LXXXIII-743 et LXXII-772 pages.

Série J. — Tome I (755-1223); tome II (1224-1246); tome III
(1247-1260).

9. MONUMENTS HISTORIQUES, par M. Jules Tardif. Paris, 1866, in-4°,
CXVI-XIX et 712 pages.

Série K. — Cartons des rois; avec atlas in-plano de 63 pl. contenant des
fac-similés lithographiques de diplômes mérovingiens et carlovingiens.

10. Archives nationales. — Répertoire numérique des archives de
la CHAMBRE DES COMPTES, série P, par Alexandre Bruel. Paris,
1896, in-4°, XIX-276 colonnes et pages 277 à 327.

6,389 numéros.

11. TITRES de la maison ducale de BOURBON, par MM. Huillard-Bré-
holles et A. Lecoy de La Marche. Paris, 1867-1874, 2 vol.
in-4°, IV-XLIV-616 et VII-536-98 pages.

Série P.

12. Archives nationales. — Répertoire numérique du PARLEMENT DE
PARIS, série X, [par M. Ém. Campardon]. Paris, 1889, in-4°,
VI-257 pages.

26,786 numéros.

13. ACTES DU PARLEMENT, par M. E. Boutaric. Paris, 1863-1867,
2 vol. in-4°, CXII-CCXC-464 et 787 pages.

Série X. — Années 1254-1328.

14. Archives nationales. — Répertoire numérique des archives du CHÂTELET DE PARIS, série Y, par M. Henri Stein. Paris, 1898, in-4° x-240 pages.

> 18,800 numéros.

15. Archives nationales. — Table alphabétique des publications enregistrées au CHÂTELET DE PARIS (XVII°-XVIII° siècles), par Émile Campardon. Paris, 1886-1888, 2 vol. in-4°, 588 et 480 pages. (*Autographié à 16 exemplaires.*)

> Série Y.

16. Répertoire numérique de la série Z^1 (JURIDICTIONS SPÉCIALES), par MM. Alexandre Tuetey et Élie Berger. Paris [1891], in-4°, 218 pages. (*Autographié à 25 exemplaires.*)

> 8,659 numéros.

17. Collection des sceaux, par M. Douët d'Arcq. Paris, 1863-1868, 3 vol. in-4°, 48-xv à cxv-696, 716 et 523 pages.

> 11,840 numéros.

> On peut rattacher à cette publication les volumes suivants :

> 1° Inventaire des sceaux de l'ARTOIS et de la PICARDIE, recueillis dans les dépôts d'archives, musées et collections particulières des départements du Pas-de-Calais, de l'Oise, de la Somme et de l'Aisne, avec un catalogue de pierres gravées, ayant servi à sceller, et vingt-quatre planches photoglyptiques, par G. Demay. Paris, 1877, in-4°, xxiv-395 pages et 24 pl.

> 2° Inventaire des sceaux de la FLANDRE, recueillis dans les dépôts d'archives, musées et collections particulières du département du Nord, ouvrage accompagné de trente planches photoglyptiques, par M. G. Demay. Paris, 1873, viii-527 et 499 pages, avec 30 pl.

> 3° Inventaire des sceaux de la NORMANDIE, recueillis dans les dépôts d'archives, musées et collections particulières des départements de la Seine-Inférieure, du Calvados, de l'Eure, de la Manche et de l'Orne, avec une introduction sur la paléographie des sceaux et seize planches photoglyptiques, par G. Demay. Paris, 1881, in-4°, xliv-434 pages et 16 pl.

> 4° Inventaire des sceaux de la PICARDIE, recueillis dans les dépôts d'archives, musées et collections particulières des départements de la Somme, de l'Oise et de l'Aisne, ouvrage accompagné de huit planches photoglyptiques, par G. Demay. Paris, 1875, in-4°, 772 pages et 8 pl.

> Cf. aussi plus haut, p. 21, l'Inventaire des sceaux de la Collection CLAIRAMBAULT à la Bibliothèque nationale, par G. Demay. Paris, 1885-1886, 2 vol. in-4°.

18. Musée des Archives nationales; documents originaux de l'Histoire de France exposés dans l'hôtel Soubise, ouvrage enrichi de 1,200 fac-similés des autographes les plus importants depuis l'époque mérovingienne jusqu'à la Révolution française, publié par la Direction générale des Archives nationales. Paris, 1872, in-4°, VIII et 812 pages.

> Un premier titre portait : « Musée des Archives de l'Empire; documents originaux de l'Histoire de France et autographes des hommes célèbres» (1867).

19. Catalogue sommaire du Musée des Archives nationales, précédé d'une notice historique sur le palais des Archives, par Jules Guiffrey. Paris, 1893, in-12, 127 pages.

ARCHIVES DÉPARTEMENTALES,

COMMUNALES ET HOSPITALIÈRES.

20. Inventaires sommaires des Archives départementales, communales et hospitalières [1].

I. — ARCHIVES DÉPARTEMENTALES.

CADRE DE CLASSEMENT.

Archives civiles.

A. Actes du pouvoir souverain et Domaine public.
B. Cours et juridictions.
C. Administrations provinciales.
D. Instruction publique, sciences et arts.
E. Féodalité, communes, bourgeoisie et familles.
E supplément. *Fonds conservés dans les communes.*

F. Fonds divers se rattachant aux archives civiles.

Archives ecclésiastiques.

G. Clergé séculier.
H. Clergé régulier.
H supplément. *Fonds conservés dans les hospices.*
I. Fonds divers se rattachant aux archives ecclésiastiques.

L et Q. Période révolutionnaire.

Ain. — Série C (1107 art.), par M. Brossard. — Bourg, 1884, in-4°, 231 pages.

Séries D (24 art.) et E (506 art.), par M. Brossard. — Bourg, 1893, in-4°, 8 et 115 pages.

[1] Il a été précédemment publié des *Catalogues* ou *États des inventaires sommaires des Archives départementales* aux 1er avril 1868, 31 mai 1876, 31 décembre 1884, 28 février 1891 et 31 décembre 1893; cinq brochures in-8°.

Séries G (379 art.) et H (956 art.), par M. Brossard. — Bourg, 1891, in-4°, 331 pages.

Aisne. — Tome Ier. Séries A (33 art.) et B (art. 1 à 3435), par M. Matton. — Laon, 1874, in-4°, III, 6-480 pages.

Tome II. Séries B (art. 3436 à 4142). C (*Intendance de Soissons, etc.*, 1070 art.), D (21 art.), E (671 art.), et F (21 art.), par M. Matton. — Laon, 1878, in-4°, VI-92, 157, 4, 95, 8 pages.

Tome III. Séries G (1849 art.) et H (1790 art.), par M. Matton. — Laon, 1885, in-4°, VI-166 et 262 pages.

Tome IV. Tables générales, par M. Matton. — Laon, 1889, in-4°; noms de lieux, 59 pages; noms de personnes, 262 pages; matières, 44 pages.

Allier. — Tome I. Séries A (154 art.) et B (art. 1 à 880), par M. Chazaud. — Moulins, 1883, in-4°, II-16 et 435 pages.

Alpes (Basses-). — Série B (*Préfecture de Barcelonnette, sénéchaussée de Castellane, etc.*, art. 1 à 1305), par M. Isnard. Tome I. — Digne, 1892, in-4°, XVI-423 pages.

Alpes (Hautes-). — Tome I. Séries A (43 art.), B (515 art.) et C (*Intendance du Dauphiné, élection de Gap*, 227 art.), par M. l'abbé Guillaume. — Gap, 1887, in-4°, XVIII-32, 216 et 167 pages.

Série G (*Archevêché d'Embrun, etc.*, art. 1 à 777), par M. l'abbé Guillaume. Tome I. — Gap, 1891, in-4°, XXXIV-502 pages.

Série G (*Évêché de Gap*, art. 778 à 1111), par M. l'abbé Guillaume. Tome II. — Gap, 1895, in-4°, XX-491 pages.

Série G (*Évêché de Gap*, art. 1112 à 1556) par M. l'abbé Guillaume. Tome III. — Gap, 1897, in-4°, L-468 pages.

Alpes-Maritimes. — Série H (*Abbaye de Lérins, etc.*, 1563 art.), par M. Moris. — Nice, 1893, in-4°, XXVI-248 pages.

Série H supplément (*Hospices et hôpitaux de Nice*, par M. Bianchi; *de Grasse*, par M. Sardou; *de Vence, de Puget-Théniers, de Saorge, de Villefranche*, art. 1564 à 1993). — Nice, 1894, in-4°, VI-65 pages.

Ardèche. — Tome I. Séries A (5 art.), B (147 art.), C (*États du Vivarais, etc.*, 1536 art.) et D (6 art.), par M. Mamarot. — Paris, 1877, in-4°, I-3, 95, 317 et 5 pages.

Ardennes. — Tome I. Séries A (*Principauté de Château-Regnault*, 26 art.), et B (art. 1 à 1668), par MM. Sénemaud et Laurent. — Charleville, 1890, in-4°, VII-8, 407 pages.

Tome IV. Séries G (289 art.), H (519 art.) et I (8 art.), par MM. Sénemaud et Laurent. — Charleville, 1888, in-4°, VIII-113 et 200 pages.

Ariège. — Série B (*Sénéchaussée de Pamiers*, art. 1 à 191), par MM. Orliac, Legrand et Pasquier. Tome I. — Toulouse, 1894, in-4°, VIII-368 pages.

Aube. — Séries C (*Intendance de Champagne, etc.*, 2346 art.), et D (160 art.), par M. d'Arbois de Jubainville. — Troyes, 1864, in-4°, lxxvii-355 et 35 pages.

Série E (art. 1 à 1223), par M. Roserot. Tome I. — Troyes, 1884, in-4°, vi-302 pages.

Série G (*Évêché et chapitre de Troyes*, art. 1 à 2544), par M. d'Arbois de Jubainville. Tome I. — Troyes, 1873, in-4°, lxviii-489 et xvi pages.

Série G (*Chapitre et officialité de Troyes*, art. 2545 à 4235), par MM. d'Arbois de Jubainville et Francisque André. Tome II. — Paris et Troyes, 1896, in-4°, xxviii-481 pages.

Aude. — Série B (art. 1 à 2158), par M. Mouynès. Tome I. — Paris, 1864, in-4°, xii-449 pages,

Série B (art. 2159 à 2795), par MM. Mouynès et Dupond. Tome II.— Carcassonne, 1891, in-4°, ii-403 pages.

Aveyron. — Tome I. Séries B (228 art.), C (1786 art.) et D (618 art.), par M. Affre. — Paris, 1866, in-4°, vii-33, 326, ii et 77 pages.

Tome II. Série E (*Notaires et tabellions, etc.*, art. 1 à 2086), par M. Affre. — Paris, 1877, in-4°, ii-467 pages.

Bouches-du-Rhône. — Série B (*Cour des comptes de Provence*, art. 1 à 1499), par M. Blancard. Tome I. — Paris, 1875, in-4°, ii-459 pages.

Série B (*Cour des comptes de Provence*, art. 1500 à 3312), par M. Blancard. Tome II. — Marseille, 1879, in-4°, 556 pages.

Série C (*États de Provence*, art. 1 à 985), par M. Blancard. Tome I. — Marseille, 1884, in-4°, 504 pages.

Série C (*États de Provence*, art. 986 à 1275), par M. Blancard. Tome II. — Marseille, 1892, in-4°, 524 pages.

Série L (*Lois et décrets; délibérations des assemblées et administrations du département*). Tome I. — Marseille, 1889, in-4°, xxix-265 pages.

Calvados. — Série C (*Intendance de Caen*, art. 1 à 1491), par M. Chatel. Tome I. — Paris, 1877, in-4°, 522 pages.

Série C (*Intendance de Caen*, art. 1492 à 2247), par M. Chatel. Tome II. — Caen, 1883, in-4°, 404 pages.

Série C (*Intendance de Caen*, art. 2248 à 2975), par MM. Chatel et Bénet. Tome III. — Caen, 1887, in-4°, 392 pages.

Série D (*Université de Caen*, art. 1 à 86), par M. Bénet. Tome I. — Caen, 1892, in-4°, 329 pages.

Série D (*Université de Caen*, art. 87 à 644), par M. Bénet. Tome II. — Caen, 1894, in-4°, 329 pages.

Série H supplément. (*Hôpitaux de Lisieux et de Bayeux*, art. 1 à 1320), par MM. Bénet et Renard. — Caen, 1891, in-4°, xlvii-398 pages.

Charente. — Séries C (284 art.), D (39 art.) et E (*Titres de famille, notaires et tabellions*, art. 1 à 966), par MM. Babinet de Rencogne et de Fleury. — Angoulême, 1880, in-4°, 55, 15 et 382 pages.

Série E (*Notaires et tabellions*, art. 967 à 1385), par M. de Fleury. — Angoulême, 1887, in-4°, 417 pages.

Série E (*Notaires et tabellions*, art. 1386 à 1735), par M. de Fleury. — Angoulême, 1896, in-4°, 409 pages.

CHARENTE-INFÉRIEURE. — Séries C (*Intendance de La Rochelle*, 272 art.), D (12 art.), E (248 art.), E supplément (*Église réformée de La Rochelle*, 118 art.), G (256 art.) et H (102 art.), par M. Meschinet de Richemond. — Paris, 1877, in-4°, xi-61, 5, 53, 62, 72, iv-44 pages.

Série E supplément (*Ville de La Rochelle*, art. 1 à 1224), par M. Meschinet de Richemond. — Paris, 1892, in-4°, xv-515 pages.

Série E supplément (*Ville de Saint-Jean-d'Angely*, art. 1225 à 1461), par M. Saudau. — La Rochelle, 1895, ii-91 pages.

Série H supplément (*Hospices de La Rochelle, de Rochefort, de Saintes, de Saint-Jean-d'Angely, de l'Île de Ré, etc.*, 480 art.), par M. Meschinet de Richemond. — Paris, 1882, in-4°, xii-149 pages.

CHER. — Tome I. Séries A (12 art.) et B (art. 1 à 3958), par MM. Barberaud et Boyer. — Bourges, 1883, in-4°, xiv-3, 432 pages.

Tome II. Séries B (art. 3959 à 4338), C (1320 art.), D (399 art.) et E (art. 1 à 1031), par MM. Boyer et Dauvois. — Bourges, 1885, in-4°, xii-73, 214, 56, 168 pages.

Tome III. Série E (*Notaires de Bourges*, art. 1032 à 1998), par M. Boyer. — Bourges, 1893, in-4°, xvii-394 pages.

CORRÈZE. — Tome I. Séries A (3 art.) et B (art. 1 à 1227), par M. Lacombe. — Paris, 1869, in-4°, x-2, 449 pages.

Tome II. Séries B (art. 1228 à 2004), C (244 art.), D (41 art.), E (244 art.), G (98 art.) et H (103 art.), par M. Lacombe. — Paris, 1874, in-4°, 231, 27, 12, 33, 17, 24 pages.

Tome III. Supplément aux séries B (art. 2005 à 2182), C (art. 245 à 278), D (art. 42 à 54) et E (art. 245 à 1204), par MM. Vayssière et Hugues. — Tulle, 1889, in-4°, iii-34, 6, 4, 352 pages.

Tome IV. Série E supplément (*Villes de Brive, Tulle et Ussel*), par M. Hugues. — Tulle, 1891, in-4°, iv-171 pages.

CÔTE-D'OR. — Série B (*Cour des comptes de Bourgogne*, art. 1 à 3632), par M. Rossignol. Tome I. — Paris, 1863, in-4°, xii-432 pages.

Série B (*Cour des comptes de Bourgogne*, art. 3633 à 6633), par MM. Rossignol et Garnier. Tome II. — Paris, 1864, in-4°, 440 pages.

Série B (*Cour des comptes de Bourgogne*, art. 6634 à 9499), par M. Garnier. Tome III. — Dijon, 1873, in-4°, 439 pages.

Série B (*Cour des comptes de Bourgogne*, art. 9500 à 11264), par M. Garnier. Tome IV. — Dijon, 1876, in-4°, 440 pages.

Série B (*Cour des comptes de Bourgogne*, art. 11265 à 12067), par M. Garnier. Tome V. — Dijon, 1878, in-4°, 261 pages.

Série B (*Parlement de Bourgogne*, art. 12068 à 12269), par M. Garnier.

Tome VI. — Dijon, 1894, in-4°, 379 pages.

Série C (*Intendance de Bourgogne, etc.*, art. 1 à 2070), par M. Garnier. Tome I. — Dijon, 1880, in-4°, xxiv-243 pages.

Série C (*Bureau des finances de Dijon*, art. 2071 à 2968), par M. Garnier. Tome II. — Dijon, 1883, in-4°, xvi-230 pages.

Série C (*États de Bourgogne*, art. 2969 à 3721), par M. Garnier. Tome III. — Dijon, 1886, in-4°, 414 pages.

Série C (*États de Bourgogne*, art. 3722 à 7557), par M. Garnier. Tome IV. — Dijon, 1890, in-4°, 564 pages.

Côtes-du-Nord. — Tome I. Séries A (64 art.), B (1250 art.), C (165 art), D (3 art.) et E (art. 1 à 1214), par M. Lamare. — Saint-Brieuc, 1866, lxxx-6, 192, 24, 2, 160 pages.

Creuse. — Séries C (417 art.), D (10 art.) et E (art. 1 à 1261), par MM. Bosvieux, A. Richard, Duval et Autorde. — Paris, 1885, in-4°, xi-30, 5, 284 pages.

Dordogne. — Tome I. Séries A (76 art.) et B (art. 1 à 1147), par MM. Dessalles et Villepelet. — Périgueux, 1882, in-4°, x-16, 367 pages.

Doubs. — Série B (*Chambre des comptes de Franche-Comté, Trésor des chartes*, art. 1 à 540), par M. Jules Gauthier. Tome I. — Besançon, 1883, in-4°, viii-247 pages.

Série B (*Chambre des comptes de Franche-Comté*, art. 541 à 1710), par M. Jules Gauthier. Tome II. — Besançon, 1887, in-4°, 364 pages.

Série B (*Chambre des comptes de Franche-Comté*, art. 1711 à 2147), par M. Jules Gauthier. Tome III. — Besançon, 1895, in-8°, xiv-389 pages.

Séries C (300 art.), D (95 art.) et E (art. 1 à 2008), par M. Babey. — Paris, 1870, in-4°, xii-30, 12 et 285 pages.

Drôme. — Tome I. Séries A (7 art.), B (1950 art.) et C (1038 art.), par M. Lacroix. — Valence, 1865, in-4°, xi-2, 368, 159 pages.

Tome II. Séries D (72 art.) et E (art. 1 à 2670), par M. Lacroix. — Valence, 1872, in-4°, vii-22 et 398 pages.

Tome III. Séries E (*Communes et municipalités*, art. 2671 à 4165) et E supplément (*Communes de l'arrondissement de Nyons*, art. 4166 à 4706), par M. Lacroix. — Valence, 1879, in-4°, vi-445 pages.

Tome IV. Série E supplément (*Communes des arrondissements de Nyons et de Montélimar*, art. 4707 à 6845), par M. Lacroix. — Valence, 1886, in-4°, 460 pages.

Tome V. Série E supplément (*Communes des arrondissements de Montélimar et de Valence*, art. 6846 à 8618), par M. Lacroix. — Valence, 1892, in-4°, 438 pages.

Tome VI. Série E supplément (*Communes de l'arrondissement de Valence*, art. 8619 à 11531), par M. Lacroix. — Valence, 1898, in-4°, 442 pages.

Eure. — Série G (1880 art.), par M. Bourbon. — Évreux, 1886, in-4°, vii-364 pages.

Série H (1730 art.), par M. Bourbon. — Évreux, 1893, in-4°, vi-322 pages.

Eure-et-Loir. — Tome I. Séries A (4 art.), B (3315 art.), C (96 art.) et D (48 art.), par M. L. Merlet. — Chartres, 1863, in-4°, xiv-1, 423, 10, 10 pages.

Tome II. Série E (*Titres de famille, Notaires et tabellions*, art. 1 à 4296), par M. L. Merlet. — Chartres, 1884, in-4°, 571 pages.

Tome III. Série E supplément (*Communes de l'arrondissement de Chartres*), par M. L. Merlet. — Chartres, 1871, in-4°, iii-513 pages.

Tome IV. Série E supplément (*Communes de l'arrondissement de Dreux*), par M. L. Merlet. — Chartres, 1877, in-4°, iv-475 pages.

Tome V. Série E supplément (*Communes des arrondissements de Châteaudun et de Nogent-le-Rotrou*), par M. L. Merlet. — Chartres, 1882, in-4°, 437 pages.

Tome VI. Série G (*Évéché et chapitre de Chartres, etc.*, art. 1 à 3620), par M. L. Merlet. — Chartres, 1890, in-4°, iv-371 pages.

Tome VII. Série G (*Fabriques*, art. 3621 à 8406), par M. L. Merlet. — Chartres, 1894, in-4°, iv-382 pages.

Tome VIII. Série H (*Abbayes*, art. 1 à 2789), par M. R. Merlet. — Chartres, 1897, in-4°, xxi-300 pages.

Finistère. — Tome I. Séries A (*Domaine royal, etc.*, 20 art.) et B (1331 art.), par MM. Le Men et Luzel. — Quimper, 1889, in-4°, 64 et 410 pages.

Gard. — Série C (*Intendance de Languedoc, etc.*, 1885 art.), par M. Bessot de Lamothe. — Paris, 1865, in-4°, 311 pages.

Série E (*Seigneuries, familles, notaires*, art. 1 à 477), par M. Bligny-Bondurand. Tome I. — Nîmes, 1894, xii-460 pages.

Série E supplément (*Archives communales d'Aigues-Mortes, Aigues-Vives, Aimargues et Aramon*, 1137 art.), par MM. Bessot de Lamothe et Bligny-Bondurand. Tome I. — Nîmes, 1888, in-4°, xii-488 pages.

Série G (1559 art.), par M. Bessot de Lamothe. — Paris, 1876, in-4°, xv-355 pages.

Série H (781 art.), par M. Bessot de Lamothe. — Mende, 1877, in-4°, xl-219 pages.

Garonne (Haute-). — Séries A (39 art.) et B (*Parlement de Toulouse*, art. 1 à 592), par M. Judicis. Tome I[1]. — Paris, 1867, in-4°, viii-6 et 415 pages.

Série B (*Parlement de Toulouse*, art. 593 à 1898), par MM. Lapierre et Roques. Tome III. — Toulouse, 1888, in-4°, ii-171 pages.

Série C (*Intendance de Languedoc*, art. 1 à 2275), par M. Baudouin. Tome I. — Toulouse, 1878, iv-418 pages.

[1] La tomaison de la série B, dans la Haute-Garonne, sera ainsi modifiée : Tome I⁏ : Séries A et B (*Arrêts du Parlement de Toulouse antérieurs à 1585*, art. 1 à 92, *Arrêts rendus hors de Toulouse, Arrêts des Grands Jours*). — Tome II, Série B (art. 93 à 592). Table alphabétique des matières contenues dans les arrêts du Parlement de Toulouse, de 1585 à 1638, par M. Saint-Charles.

Gers. — Série C (*Intendance d'Auch et de Pau, Bureau des finances, etc.*, 690 art.), par M. Parfouru. — Auch, 1892, in-4°, xvii-355 pages.

Gironde. — Série C (*Intendance de Bordeaux*, art. 1 à 3132), par M. Gras. Tome I. — Paris, 1876, in-4°, xiii-6, 8 et 480 pages.

Série C (*Intendance, Bureau des finances de Bordeaux*, art. 3133 à 4249), par MM. Gouget et Brutails. Tome II. — Bordeaux, 1893, in-4°, viii-434 pages.

Série C (*Chambre de commerce de Guyenne*, art. 4250 à 4439), par M. Brutails. Tome III. — Bordeaux, 1893, in-4°, xlviii-268 pages et pl.

Série G (*Archevéché de Bordeaux, Chapitre de Saint-André, Archives diocésaines*, art. 1 à 920), par MM. Gouget, Ducaunnès-Duval et Allain. — Bordeaux, 1892, in-4°, xxxiii-596 pages.

Hérault. — Série C (*Intendance de Languedoc*, art. 1 à 2432), par M. Thomas. Tome I. — Montpellier, 1865, in-4°, 456 pages.

Série C (*Intendance de Languedoc*, art. 2433 à 2812), par M. de La Cour de La Pijardière. Tome II. — Montpellier, 1887, in-4°, 480 pages.

Série C (*Intendance de Languedoc*, art. 2813 à 3893), par MM. de La Pijardière et Berthelé. Tome III. — Montpellier, 1897, in-4°, 468 pages.

Ille-et-Vilaine. — Série C (*Intendance de Bretagne*, art. 1 à 2451), par M. Quesnet. Tome I. — Rennes, 1878, in-4°, ii-536 pages.

Série C (*Intendance et États de Bretagne*, art. 2452 à 3796), par MM. Quesnet et Parfouru. Tome II. — Rennes, 1892, in-4°, i-432 pages.

Indre. — Série H (973 art.), par M. Hubert. — Paris, 1876, in-4°, 315 pages.

Indre-et-Loire. — Tome I. Séries A (8 art.), B (288 art.), C (*Intendance de Tours*, 877 art.), D (17 art.) et E (496 art.), par M. Loiseau de Grandmaison. — Paris, 1878, in-4°, xxi-2, 58, 164, 6, 112 pages.

Tome II. Série G (1077 art.), par M. Loiseau de Grandmaison. — Tours, 1882, in-4°, x-316 pages.

Tome III. Série H (910 art.), par M. Loiseau de Grandmaison. Suppléments à la série G (art. 1078 à 1121) et à la série H (art. 941 à 987). — Tours, 1891, in-4°, xxiii-333 pages.

Isère. — Tome I. Séries A (26 art.) et B (*Parlement de Grenoble*, art. 1 à 2310), par M. Pilot-Dethorey. — Grenoble, 1864, in-4°, xxix-4 et 423 pages.

Tome II. Série B (*Parlement de Grenoble*, art. 2811 à 2606; *Chambre des comptes du Dauphiné, etc.*, art. 2607 à 3381), par MM. Pilot-Dethorey et Prud'homme. — Grenoble, 1884, in-4°, cviii-310 pages.

Jura. — Séries C (1277 art.), D (153 art.) et E (1021 art.), par MM. Rousset, Junca et Finot. — Paris, 1870, in-4°, 170, 22, 137 pages.

Série G (*Église collégiale de Dôle, etc.*, art. 1 à 872), par MM. Prost, Vayssière et Libois. Tome I. — Lons-le-Saunier, 1892, in-4°, iii-444 pages.

Landes. — Séries A (23 art.), B (42 art.), C (157 art.), E (87 art.), E supplément (*Communes des arrondissements de Mont-de-Marsan, de Saint-Sever et de Dax*), G (69 art.) et H (242 art.); additions aux séries A, B, C, D, E, G et H, par M. Tartière. — Paris, 1868-1869, in-4°, xxvii-3, 6, 17, 10, 90, 10, 30, 12 pages.

Loir-et-Cher. — Séries C (37 art.), D (12 art.), E (761 art. et table des fonds) et E supplément (*Communes des cantons de Blois et de Bracieux*), par MM. de Fleury, Bournon et Roussel. — Blois, 1887, in-4°, x-7, 3, 208, 211 pages.

Série G (art. 1 à 967), par MM. Bournon, Roussel et Bourgeois. Tome I. — Blois, 1894, in-4°, 333 pages.

Loire. — Série B (*Juridictions diverses*, art. 1 à 1582), par M. Chaverondier. Tome I. — Paris, 1870, in-4°, xxxii-432 pages [1].

Série B (*Chambre des comptes de Montbrison, etc.*, art. 1583 à 1906), par M. Chaverondier. Tome II. — Saint-Étienne, 1888, in-4°, 384 pages.

Loire-Inférieure. — Tome I. Séries A (4 art.) et B (*Cour des comptes de Bretagne*, art. 1 à 2945), par M. Ramet. — Paris, 1865, in-4°, xii-2, 439 pages [2].

Tome III. Série E (1630 art.), par M. Maître. — Nantes, 1879, in-4°, xii-475 pages.

Tome IV. Séries G (917 art.) et H (516 art.), par M. Maître. — Nantes, 1884, in-4°, xxiv-253 pages.

Tome V. Série E supplément (*Communes des arrondissements d'Ancenis Châteaubriant et Nantes*, art. 1631 à 3597), par M. Maître. — Nantes, 1892, in-4°, xii-438 pages.

Loiret. — Tome I. Série A (*Apanage d'Orléans, etc.*, art. 1 à 1799), par MM. Maupré et Doinel. — Paris, 1878, in-4°, xix-383 pages.

Tome II. Séries A (*Apanage d'Orléans*, art. 1800 à 2200) et B (art. 1 à 1535), par M. Doinel. — Orléans, 1886, in-4°, xviii-382 pages.

Lot. — Tome I. Séries A (73 art.) et B (art. 1 à 1492), par M. Combarieu. — Cahors, 1883, in-4°, xi-448 pages.

Tome II. Séries B (*Sénéchal de Figeac*, art. 1493 à 2271) et C (*Intendance de Montauban*, 1409 art.), par M. Combarieu. — Cahors, 1887, in-4°, x-179 et 271 pages.

Lot-et-Garonne. — Tome I. Séries A (3 art.), B (1672 art.), C (52 art.), D (1 art.), E (56 art.), E supplément (*Communes des arrondissements d'Agen, de Marmande et de Nérac*), G (11 art.) et H (19 art.), par MM. Crozet, Bosvieux et Tholin. — Agen, 1863-1878, in-4°, xix-1, 297, 12, 1, 11, 93, 3, 10 pages.

Tome II. Tables générales. — 1° Noms de personnes; 2° noms de lieux; 3° matières, par M. Tholin. — Agen, 1883 (1891), in-4°, 189 pages.

[1] La série A (222 art.), qui se trouve placée en tête du volume distribué en 1870, est annulée. Les documents qui la composaient sont reportés dans la série B, tome II (voir dans ce tome la note de l'article 1836).

[2] Ce volume sera refait.

Tome III. Série E supplément (*Communes des arrondissements d'Agen, de Marmande et de Nérac*), par M. Tholin. — Agen, 1898, in-4°, xlv-432 pages.

Lozère. — Série C (*États du Gévaudan, etc.*, 1825 art.), par M. Ferd. André. — Mende, 1876, in-4°, 388 pages.

Série G (*Évêché et chapitre de Mende*, art. 1 à 1451), par M. Ferd. André. Tome I. — Mende, 1882, in-4°, vii-331 pages.

Série G (*Chambre ecclésiastique, etc.*, art. 1452 à 3100), par M. Ferd. André. Tome II. — Mende, 1887. — Réimprimé en 1890, in-4°, ii-337 pages.

Maine-et-Loire. — Série E (art. 1 à 4169), par M. Port. Tome I. — Angers, 1871, in-4°, 472 pages.

Séries E (art. 4170 à 4426) et E supplément (*Ville d'Angers et communes de l'arrondissement d'Angers*), par M. Port. Tome II. — Angers, 1885, in-4°, 436 pages.

Série E supplément (*Communes des arrondissements de Beaugé et de Cholet*), par M. Port. Tome III. — Angers, 1898, in-4°, 472 pages.

Série G (2825 art.), par M. Port. — Angers, 1880, in-4°, 333 pages.

Manche. — Série A (*Domaine royal, domaines engagés*, 3866 art.), par M. Dubosc. Tome I. — Saint-Lô, 1865, in-4°, iii-420 pages.

Série H (*Abbayes d'Aulnay, Blanchelande et Cerisy*, art. 1 à 1950), par M. Dubosc. Tome I, 1re partie. — S. l. n. d., in-4°, 294 pages.

Série H (*Abbaye de Cherbourg*, art. 1951 à 4300), par M. Dubosc. Tome I, 2e partie. — S. l. n. d., in-4°, pages 295 à 682.

Marne. — Série C (*Intendance de Champagne*, art. 1 à 2059), par MM. Hatat, Vétault et Pélicier. — Châlons, 1884, in-4°, xv-474 pages.

Séries C (*Intendance de Champagne*, art. 2060 à 3028), D (*Collèges, etc.*, 266 art.), E (*Corporations, etc.*, 1014 art.) et F (14 art.), par M. Pélicier. — Châlons, 1892, in-4°, viii-427 pages.

Mayenne. — Série B (art. 1 à 2271), par MM. Duchemin et de Martonne. Tome I. — Laval, 1882, in-4°, xxxiii-439 pages.

Meurthe. — Tome I. Série B (*Chambre des comptes de Lorraine*, art. 1 à 3310, additions, 3 art.), par M. Lepage. — Nancy, 1870, in-4°, xx-359 pages.

Meurthe-et-Moselle. — Tome II. Série B (*Chambre des comptes de Lorraine*, art. 3311 à 7782), par M. Lepage. — Nancy, 1875, in-4°, 385 pages.

Tome III. Séries B (*Chambre des comptes de Lorraine*, art. 7783 à 12470), C (563 art.), D (90 art.) et E (372 art.), par M. Lepage. — Nancy, 1879, in-4°, 387, 49, 10, 46 pages.

Tome IV. Séries G (1330 art.) et H (art. 1 à 1692), par M. Lepage. — Nancy, 1881, in-4°, xv-152 et xxxiv-187 pages.

Tome V. Série H (art. 1693 à 3353), par M. Lepage. Corrections et additions pour les tomes précédents. — Nancy, 1883, in-4°, 190 pages.

Tome VI. Tables générales. — 1° Matières; 2° noms de personnes; noms de lieux. — Nancy, 1884, 1888, 1891, in-4°, 11-158, 165 et 162 pages.

Tome VII. Série E supplément (*Communes de l'arrondissement de Briey*, art. 1 à 1075), par M. Duvernoy. — Nancy, 1896, in-4°, 324 pages.

Meuse. — Série B (*Chambre des comptes du duché de Bar*, art. 1 à 3160), par M. Marchal. Tome I. — Paris, 1875, in-4°, 455 pages.

Morbihan. — Tome I. Série B (art. 1 à 3099), par M. Rosenzweig. — Paris, 1877, in-4°, 419 pages.

Tome IV. Série E supplément (*Communes de l'arrondissement de Lorient*, art. 1 à 807), par M. Rosenzweig. — Vannes, 1881, in-4°, xcv-231 pages.

Tome V. Série E supplément (*Communes des arrondissements de Pontivy et Vannes*, art. 808 à 1595), par MM. Rosenzweig et Estienne. — Vannes, 1888, in-4°, 11-639 pages.

Nièvre. — Série B (*Présidial de Saint-Pierre-le-Moûtier*, art. 1 à 300), par M. de Flamare. Tome I. — Nevers, 1891, in-4°, 467 pages.

Nord. — Série B (*Chambre des comptes de Lille*, art. 1 à 1560), par MM. Le Glay et Desplanque. Tome I[1]. — Lille, 1865, in-4°, xxii-447 pages.

Série B (*Chambre des comptes de Lille*, art. 1561 à 1680), par M. Desplanque. Tome II. — Lille, 1872, in-4°, 419 pages.

Série B (*Chambre des comptes de Lille*, art. 1681 à 1841), par M. l'abbé Dehaisnes. Tome III. — Lille, 1877, in-4°, 470 pages.

Série B (*Chambre des comptes de Lille*, art. 1842 à 2338), par M. l'abbé Dehaisnes. Tome IV. — Lille, 1881, in-4°, 393 pages.

Série B (*Chambre des comptes de Lille*, art. 2339 à 2787), par M. Finot. Tome V. — Lille, 1885, in-4°, 395 pages.

Série B (*Chambre des comptes de Lille*, art. 2788 à 3228), par M. Finot. Tome VI. — Lille, 1888, in-4°, 348 pages.

Série B (*Chambre des comptes de Lille*, art. 3229 à 3389), par M. Finot. Tome VII. — Lille, 1892, in-4°, cxii-391 pages.

Série B (*Chambre des comptes de Lille*, art. 3390 à 3665), par M. Finot. Tome VIII. — Lille, 1895, in-4°, xliii-453 pages.

Oise. — Série G (*Évêchés et chapitres de Beauvais, Noyon et Senlis*, art. 1 à 2352), par MM. Desjardins et Rendu. — Beauvais, 1878, in-4°, viii-478 pages.

Série H (*Abbayes et prieurés des ordres de Saint-Augustin et de Saint-Benoît*, art. 1 à 1717), par MM. Rendu et Coüard-Luys. Tome I. — Beauvais, 1888, in-4°, xvi-495 pages.

Série H (*Abbayes et prieurés de l'ordre de Saint-Benoît*, art. 1718 à 2649), par M. Roussel. Tome II. — Beauvais, 1897, in-4°, xiv-478 pages.

Orne. — Séries C (*Intendance d'Alençon*, 1347 art.) et D (46 art.), par M. Gravelle-Desulis. — Paris, 1877, in-4°, x-426 et 26 pages.

____

[1] Ce volume sera refait.

Série H (*Abbayes*, art. 1 à 1920), par M. Duval. Tome I. — Alençon, 1891, in-4°, xxvi-378 pages.

Série H (*Prieurés et couvents d'hommes*, art. 1921 à 3323; *complément*, art. 3324 à 3351), par M. Duval. Tome II. — Alençon, 1894, in-4°, xcii-265 pages.

Pas-de-Calais. — Série A (*Trésor des chartes d'Artois*, art. 1 à 503 bis), par M. J.-M. Richard. Tome I. — Arras, 1878, in-4°, xv-378 pages.

Série A (*Trésor des chartes d'Artois*, art. 504 à 1013), par M. J.-M. Richard. Tome II. — Arras, 1887, in-4°, xx-236 pages.

Série B (*Conseil provincial d'Artois, gouvernance d'Arras, etc.*, art. 1 à 998), par MM. Godin et Cottel. Tome I. — Paris, 1875, in-4°, 215 pages.

Série C (*Intendance d'Artois*, art. 1 à 791), par M. Cottel. Tome I. — Arras, 1882, in-4°, iv-394 pages.

Série G (*Évéché de Boulogne-sur-Mer*, art. 1-30), par M. l'abbé Haigneré. Tome I. — Arras, 1891, in-4°, 334 pages.

Puy-de-Dôme. — Série C (*Intendance d'Auvergne*, art. 1 à 1515), par MM. Cohendy et Rouchon. Tome I. — Clermont-Ferrand, 1898, in-4°, iv-465 pages.

Pyrénées (Basses-). — Tome I. Séries A (4 art.) et B (*Chambres des comptes de Pau et de Nérac*, art. 1 à 4537), par M. Raymond. — Paris, 1863, in-4°, xii-2 et 401 pages.

Tome II. Série B (*Parlement de Navarre*, art. 4538 à 7980), par M. Raymond. — Paris, 1876, in-4°, ii-460 pages.

Tome III. Séries C (1619 art.) et D (19 art.), par M. Raymond. — Paris, 1865, in-4°, cxlix-298 et 7 pages.

Tome IV. Série E (art. 1 à 1765), par M. Raymond. — Paris, 1867, in-4°, iii-425 pages.

Tome V. Séries E (art. 1766 à 2410) et E supplément (*Communes des arrondissements de Pau, d'Orthez, de Mauléon, d'Oloron et de Bayonne*), par M. Raymond. — Paris, 1873, in-4°, 153 et 174 pages.

Tome VI. Séries G (357 art.), H (203 art.) et H supplément (*Extraits d'inventaires sommaires des archives hospitalières qui ne peuvent faire l'objet d'une publication spéciale*), par M. Raymond. Dénombrement général de la vicomté de Béarn, en 1385, avec table des noms de lieux. — Paris, 1874, in-4°, iii-27, 181 pages.

Pyrénées (Hautes-). — Séries G (1219 art.), H (367 art.), G supplément (art. 1220 à 1389) et H supplément (art. 368 à 469), par MM. Durier et Labrouche. — Tarbes, 1892, in-4°, vii-141 et 265 pages.

Pyrénées-Orientales. — Série B (*Chambre du domaine de Roussillon*, art. 1 à 446), par M. Alart. Tome I. — Paris, 1868 (1886), in-4°, ii-396 pages.

Série C (*Intendance de Roussillon*, art. 1 à 2119), par M. Alart. — Paris, 1877, in-4°, iv-484 pages.

Rhône. — Séries A (2 art.), B (276 art.), C (838 art.), D (455 art.) et E (1200 art.), par M. J.-P. Gauthier. — Paris, 1864, in-4°, xvii-1, 32, 119, 104, 293 pages.

Série H (*Ordre de Malte, langue d'Auvergne*, art. 1 à 702), par M. G. Guigue. Tome I. — Lyon, 1895, in-4°, 391 pages.

Saône (Haute-). — Tome I. Séries A (5 art.) et B (art. 1 à 3600), par M. Besson. — Paris, 1865, in-4°, xxxiii-1 et 415 pages.

Tome II. Série B (art. 3601 à 6034), par M. Besson. — Paris, 1874, in-4°, xii-457 pages.

Tome III. Série B (art. 6035 à 9705), par M. Finot. — Vesoul, 1884, in-4°, xvi-450 pages.

Tome IV. Séries C (*Intendance de Franche-Comté, subdélégations, etc.*, 555 art.), D (58 art.) et E (*Comté de Montbéliard, etc.*, 879 art.), par MM. Finot, Lex et Dunoyer de Segonzac. — Vesoul, 1891, in-4°, xviii-456 pages.

Saône-et-Loire. — Tome I. Séries A (20 art.) et B (art. 1 à 1996), par M. Michon. — Mâcon, 1878, in-4°, iii-6 et 432 pages.

Tome III. Séries D (30 art.) et E (1482 art.), par M. Michon. — Mâcon, 1877, in-4°, iii-9 et 387 pages.

Série E supplément (*Ville de Tournus*), par MM. Bénet et Lex. — Mâcon, 1896, in-4°, viii-263 pages.

Série H (art. 1 à 1620), par MM. Michon, Bénet et Lex. — Mâcon, 1894, in-4°, x-496 pages.

Sarthe. — Tome I. Séries A (25 art.), B (83 art.), C (101 art.), D (35 art.), E (339 art.) et E supplément (*Communes des arrondissements du Mans, de Mamers, de La Flèche et de Saint-Calais*), par MM. Bellée et Moulard. — Le Mans, 1870, in-4°, 5, 16, 21, 8, 116, 572 pages.

Tome II. Série G (905 art.), par M. Bellée. — Le Mans, 1876, in-4°, 380 pages.

Tome III. Série H (art. 1 à 1000), par MM. Bellée et Duchemin. — Le Mans, 1881, in-4°, 422 pages.

Tome IV. Série H (art. 1001 à 1975), par M. Duchemin. — Le Mans, 1883, in-4°, 245 pages.

Tome V. Série B supplément (*Sénéchaussée du Maine et présidial du Mans, sénéchaussée de Beaumont*, art. 84 à 1960), par MM. Duchemin et Dunoyer de Segonzac. — Le Mans, 1890, in-4°, ii-373 pages.

Savoie. — Séries C (*Administrations provinciales, bureaux de finances, cadastre général de Savoie*, art. 1 à 2153), par M. de Jussieu. — Chambéry, 1887, in-4°, xi-446 pages.

Série C (*Cadastre général, Conseil de santé*, art. 2154 à 5052), E (80 art.), G (3 art.) et H (57 art.), par M. de Jussieu. — Chambéry, 1892, in-4°, ii-392 pages.

Seine-Inférieure. — Séries C (*Intendance de Rouen, etc.*, 2214 art.) et D (546 art.), par M. de Robillard de Beaurepaire. — Paris, 1864, in-4°, xviii-340, 121 pages.

Série G (*Archevêché de Rouen*, art. 1 à 1566), par M. de Robillard de Beaurepaire. Tome I. — Paris, 1868, in-4°, xlii-442 pages.

Série G (*Archevêché et chapitre de Rouen*, art. 1567 à 3172), par M. de Robillard de Beaurepaire. Tome II. — Paris, 1874, in-4°, xii-456 pages.

Série G (*Chapitre de Rouen*, art. 3173 à 4820), par M. de Robillard de Beaurepaire. Tome III. — Paris, 1881, in-4°, 482 pages.

Série G (*Officialité, Chambre du clergé, bureau des insinuations ecclésiastiques*, art. 4821 à 6220), par M. de Robillard de Beaurepaire. Tome IV. — Paris, 1887, in-4°, 490 pages.

Série G (*Paroisses de Rouen*, art. 6221 à 7370), par M. de Robillard de Beaurepaire. Tome V. — Rouen, 1892, in-4°, 489 pages.

Série G (*Paroisses de la ville et du diocèse de Rouen*, art. 7371 à 8514), par M. de Robillard de Beaurepaire. Tome VI. — Rouen, 1896, in-4°, 479 pages.

Seine-et-Marne. — Tome I. Séries A (64 art.), B (268 art.), C (291 art.), D (15 art.), E (1621 art.) et E supplément (*Communes des arrondissements de Melun, de Fontainebleau, de Coulommiers, de Meaux et de Provins*), par M. Lemaire. — Paris, 1863, in-4°, xii-10, 45, 50, 3, 292, 93 pages.

Tome II. Séries G (422 art.), H (809 art.) et H supplément, par M. Lemaire. — Paris, 1864, in-4°, vii-114, 219, 340 pages.

Tome III. Suppléments aux séries A (art. 65 à 87), B (art. 269 à 775), C (292 à 387), D (art. 16 à 20) et E (art. 1622 à 1963), par M. Lemaire. — Fontainebleau, 1875, in-4°, ix-11, 313, 35, 3, 134 pages.

Tome IV. Complément de la série E supplément, série F (64 art.), compléments des séries G (art. 423 à 498) et H (art. 810 à 922), et série I (27 art.), par M. Lemaire. — Fontainebleau, 1880, in-4°, xiii-437, 24, 36, 40, 17 pages.

Seine-et-Oise. — Série E (art. 1 à 2947), par MM. Sainte-Marie-Mévil et Desjardins. Tome I. — Versailles, 1873, in-4°, 440 pages.

Série E (art. 2948 à 3993), par MM. Desjardins et Bertrandy-Lacabane. Tome II. — Versailles, 1880, in-4°, 349 pages.

Série E (*Notaires et tabellions*, art. 3994 à 4901), par M. Bertrandy-Lacabane. Tome III. — Versailles, 1884, in-4°, 470 pages.

Série E (*Notaires et tabellions*, art. 4902 à 5863), par M. Bertrandy-Lacabane. Tome IV. — Versailles, 1887, in-4°, 368 pages.

Série E (*Notaires et tabellions*, art. 5864 à 6930), par M. Bertrandy-Lacabane et Coüard. Tome V. — Versailles, 1897, in-4°, lxxxi-431 pages.

Série G (*Grand-Vicariat et officialité de Pontoise, etc.*, 1167 art.), par M. Coüard. — Versailles, 1895, in-4°, viii-462 pages.

Sèvres (Deux-). — Séries C (60 art.), D (5 art.), E (210 art.), F (2 art.), G (32 art.) et H (322 art.), par MM. Gouget et Dacier. Suppléments par M. Berthelé. — Melle, 1896, in-4°, 24, 184, 64, 4, 24, 56 et 12 pages.

Somme. — Tome I. Séries A (66 art.) et B (art. 1 à 1664), par MM. Boca et Rendu. — Amiens, 1883, in-4°, xiv-15, 439 pages.

Tome II. Série C (*Intendance de Picardie*, art. 1 à 952), par M. Durand. — Amiens, 1888, in-4°, xxiv-452 pages.

Tome III. Série C (*Intendance de Picardie, etc.*, art. 953 à 1975), par M. Durand. — Amiens, 1892, in-4°, 503 pages.

Tome IV. Séries C (art. 1976 à 2008), D (138 art.) et E (996 art.), par M. Durand. — Amiens, 1897, in-4°, vi-592 pages.

Tarn. — Tome I. Séries A (106 art.), B (1299 art.) et C (art. 1 à 424), par M. Jolibois. — Paris, 1873, in-4°, xiv-12, 7, 280 et 128 pages.

Tome II. Séries C (art. 425 à 1275), D (51 art.) et E (687 art.), par M. Jolibois. — Albi, 1878, in-4°, xii-232 pages.

Tome III. Série E supplément (art. 688 à 5438), par M. Jolibois. — Albi, 1889, in-4°, xlix-503 pages.

Tarn-et-Garonne. — Séries G (*Chapitre de Moissac, confréries ecclésiastiques, etc.*, avec supplément, 1254 art.) et H (259 art.), par MM. Bourbon et Dumas de Rauly. — Montauban, 1894, in-4°, ii-540 pages.

Var. — Tome I. Séries A (3 art.) et B (*Sénéchaussée de Draguignan*, art 1 à 400), par M. Mireur. — Draguignan, 1895, in-4°, cxxxvi-414 pages.

Série E supplément (*Communes*), par MM. Ricaud et Mireur. Tome I. — Paris, 1882, in-4°, 323 pages.

Vaucluse. — Série B (*Chambre apostolique de Carpentras, etc.*, art. 1 à 1501), par MM. Achard et Duhamel. Tome I. — Paris, 1878, in-4°, 419 pages.

Série B (art. 1502 à 2696), par M. Duhamel. Tome II. — Avignon, 1884, in-4°, 283 pages.

Vienne. — Tome I. Séries A (2 art.), B (*Cour des monnaies, maîtrises des eaux et forêts, etc.*, 233 art.), C (*Bureau des finances, Assemblée provinciale, etc.*, 869 art.) et D (*Collège*, 201 art.), par MM. Rédet et A. Richard. — Poitiers, 1891, in-4°, clvi-90, 158, 40 pages.

Série G (art. 1 à 1343), par MM. Rédet et A. Richard. Tome I. — Poitiers, 1883, in-4°, xv-266 pages.

Vienne (Haute-). — Série C (637 art.), par MM. Rivain et Leroux. — Limoges, 1891, in-4°, cxlvi-294 pages.

Série D (*Collège de Limoges*, 1196 art.), par M. Leroux. — Limoges, 1882, in-4°, lxx-444 pages.

Série E supplément (*Villes de Saint-Junien, Rochechouart, Le Dorat et Bellac*), par M. Leroux. — Limoges, 1889, in-4°, xlv-303 pages.

Série H supplément (*Hospices et hôpitaux de Limoges, Bellac, Le Dorat, Magnac-Laval, Saint-Yrieix*), par M. Leroux. — Limoges, 1887, in-4°, 46, 8, 22, 10, 12, 13, 6, 1, 2, 3, 2, 9, 5, 12, 1, 10, 2, 7, 2, 2, 4, 2, 7, 1, 27, 2, 2, 6 et 99 pages.

Vosges. — Série E supplément (*Communes des arrondissements d'Épinal, de Mirecourt, de Neufchâteau, de Remiremont et de Saint-Dié*), par M. Duhamel. — Épinal, 1867, in-4°, 590 pages.

Série G (*Chapitres d'Épinal, de Poussay et de Saint-Dié, etc.*, art. 1 à 837), par MM. de Chanteau, Guilmoto et Chevreux. Tome I. — Épinal, 1887, in-4°, II-289 pages.

Série G (*Chapitre de Remiremont*, art. 838 à 2003), par M. Chevreux. Tome II. — Épinal, 1897, in-4°, 340 pages.

Yonne. — Tome I. Séries A (27 art.), B (356 art.), C (233 art.), D (41 art.), E (647 art.), E supplément (*Communes des arrondissements d'Auxerre, d'Avallon, de Joigny, de Sens et de Tonnerre*) et F (16 art.), par M. Quantin. — Auxerre, 1868, in-4°, xxv-3, 77, 41, 8, 360 et 9 pages.

Tome II. Série G (*Archevêché et chapitre cathédral de Sens, etc.*, 2568 art.), par M. Quantin. — Auxerre, 1873, in-4°, viii-461 pages.

Tome III, 1re partie. Série H (art. 1 à 1397), par M. Quantin. — Auxerre, 1882, in-4°, x-322 pages.

Tome III, 2e partie. Série H (art. 1398 à 2204), par M. Molard. — Auxerre, 1888, in-4°, xiv pages et pages 321 à 658.

II. — Archives communales.

Cadre de classement.

<table>
<tr><td>AA.</td><td>Actes constitutifs et politiques de la commune.</td><td>EE.</td><td>Affaires militaires, marine.</td></tr>
<tr><td>BB.</td><td>Administration communale.</td><td>FF.</td><td>Justice, procédure, police.</td></tr>
<tr><td>CC.</td><td>Impôts et comptabilité.</td><td>GG.</td><td>Cultes, instruction et assistance publiques.</td></tr>
<tr><td>DD.</td><td>Propriétés communales, eaux et forêts, mines, édifices, travaux publics, ponts et chaussées, voirie.</td><td>HH.
II.</td><td>Agriculture, industrie, commerce.
Documents divers, inventaires, objets d'art, etc.</td></tr>
</table>

Ain. — *Bourg.* — Inventaire, par M. Brossard. — Bourg, 1872, in-4°, iv-16, 106, 46, 9, 13, 11, 106, 21 pages.

Aisne. — *Laon.* — Inventaire, par MM. Matton et Dessain. — Laon, 1885, in-4°, xxi-23, 24, 122, 8, 8, 18, 98, 61, 4 et 132 pages.

Allier. — *Moulins.* — Inventaire, par MM. Conny et Chazaud. — Moulins, 1882, in-4°, iv-121 pages.

Alpes-Maritimes. — *Grasse.* — Inventaire, par M. Sardou. — Paris, 1865, in-4°, xi-2, 18, 12, 3, 2, 8, 6, 4 et 3 pages.

Ardennes. — *Charleville.* — Inventaire des archives historiques de la ville et de l'hospice, par M. Laurent. — Charleville, 1895, in-4°, viii-222 pages.

Mézières. — Inventaire, par M. Sénemaud. — Mézières, 1873, in-4°.

Aube. — *Bar-sur-Seine.* — Inventaire, par M. d'Arbois de Jubainville. — Bar-sur-Seine, 1864, in-4°, ii-2, 5, 7, 2, 1, 2, 6, 7 et 1 pages.

Aude. — *Cuxac-d'Aude.* — Inventaire, par MM. G. Mouynès et J. Tissier. — Narbonne, 1895, in-4°, viii-341 pages.

Narbonne. — Série AA (189 art.), par M. Mouynès. Tome I. — Narbonne, 1877, in-4°, xx-476 pages.

Annexes de la série AA. Publication de documents, par M. Mouynès. Tome II. — Narbonne, 1871, in-4°, 11-479 pages.

Série BB, tome Ier (*Délibérations du Conseil de ville*, art. 1 à 32), par M. Mouynès. — Narbonne, 1872, in-4°, 11-906 et 15 pages.

Série BB, tome II (*Délibérations, etc.*, art. 33 à 229), par M. Mouynès. Annexes : publication de documents analysés. — Narbonne, 1877-1878, in-4°, 11-1016 et 88 pages.

Ouveilhan. — Inventaire, par M. Mouynès. — Paris, 1863, in-4°, 1, 6, 2, 2, 2, 8 et 1 pages.

AVEYRON. — *Rodez*. — Inventaire, par M. Affre. — Rodez, 1877, in-4°, vi-2, 16, 80, 4, 2, 6, 7, 1, 2, 5, 13, 49, 2, 2, 5, 15, 1, 2, 1, 1, 1, 1, 1 et 24 pages (1).

CHARENTE-INFÉRIEURE. — *Rochefort*. — Inventaire, par M. de Richemond. — Paris, 1877, in-4°, vi-96 pages.

CÔTE-D'OR. — *Dijon*. — Tome I. Séries A (*Actes politiques*, 13 art.) et B (*Privilèges et administration de la commune*, 480 art.), par M. de Gouvenain. — Paris, 1867, in-4°, xiii-5 et 355 pages.

Tome II. Séries C (*Juridiction municipale*, 53 art.), D (*Affaires religieuses*, 67 art.), E (*Bienfaisance*, 62 art.), F (*Instruction publique*, 19 art.), G (*Arts et métiers*, 335 art.) et H (*Affaires militaires*, 303 art.), par M. de Gouvenain. — Dijon, 1883, in-4°, 15, 20, 19, 6, 88, 90 pages.

Tome III. Séries I (*Police*, 167 art.), J (*Voirie*, 159 art.), K (*Propriétés communales*, 378 art. et supplément) et L (*Impositions*, 731 art.), par MM. de Gouvenain et Vallée. — Dijon, 1892, in-4°, vii-60, 56, 86 et 216 pages.

DORDOGNE. — *Périgueux*. — Inventaire, par M. Hardy. — Périgueux, 1897, in-4°, xxiv-543 pages.

DOUBS. — *Baume-les-Dames*. — Inventaire, par M. Jules Gauthier. — Baume-les-Dames, 1892, in-4°, vi-114 pages.

Pontarlier. — Inventaire, par M. Mathey. — Besançon, 1889, in-4°, x-145 pages.

EURE-ET-LOIR. — *Chartres*. — Inventaire, par M. Merlet. — Chartres, 1888, in-4°, xxi-16, 6, 147, 4, 2, 7, 18, 6, 5, 4, 3, 3 et 27 pages.

Châteaudun. — Inventaire, par M. Merlet. — Châteaudun, 1885, in-4°, xvi-3, 8, 6, 13, 13, 2, 77, 11, 3, 30 pages.

GARD. — *Nîmes*. — Tome I. Séries AA (*Actes constitutifs et politiques de la commune*, 5 art.), BB (*Consulat et conseil politique*, 5 art.), CC (*Do-

---

(1) BOUCHES-DU-RHÔNE. — *Tarascon*. — Inventaire inachevé, sans titre ni table.

Il convient de rattacher aux inventaires municipaux le catalogue suivant, auquel on a adapté le cadre de la circulaire du 25 août 1857 : BOUCHES-DU-RHÔNE. — *Marseille* (*Chambre de commerce de*). — Inventaire, par M. O. Teissier. — Marseille, 1878-1882, 2 vol. in-4°, 515 et 380 pages.

maine du Roi, droits de franc-fief, 4 art.), DD (*Troubles religieux,* 6 art.), EE (*Justice,* 5 art.), FF (*Police,* 31 art.), GG (*Édifices, places, maisons, rues, fontaines,* 7 art.), HH (*Foires, marchés et commerce,* 4 art.), II (*Affaires ecclésiastiques,* 5 art.), JJ (*Capitainerie, guet, fort,* 10 art.), KK (*Actes et contrats,* 38 art.), LL (*Administration communale,* 56 art.), MM (*Revenus,* 23 art.) et NN (*Charges et dettes,* 28 art.), par M. Bessot de Lamothe, avec la collaboration de M. Brunet. — Mende, 1877, in-4°, x-5, 6, 14, 26, 5, 11, 6, 4, 7, 4, 14, 58, 9, 11 pages.

Tome II. Séries OO (*Police, voirie, monuments,* 174 art.), PP (*Compoix cabalistes,* 15 art.), QQ (*Compoix terriers,* 60 art.), RR (*Comptes,* 70 art.), SS (*Inventaires, cartes et plans, registres divers,* 32 art.), TT (*Ordonnances, etc., des rois et arrêts du Conseil et des cours souveraines,* 17 art.) et UU (*Registres de baptêmes, mariages et décès,* 161 art.), par M. Bessot de Lamothe. Tables, par M. Ferd. Teissier. — Avignon, 1879, in-4°, 37, 4, 17, 41, 18, 36, 217 pages.

Le Vigan. — Inventaire, par M. Ferd. Teissier. — Nîmes, 1890, in-4°, xi-213 pages.

Uzès. — Inventaire, par M. Bessot de Lamothe. — Paris, 1868, in-4°, ix-2, 7, 17, 2, 1, 5, 7, 1 et 7 pages.

Garonne (Haute-). — *Grenade.* — Inventaire (séries BB et II), par M. Rumeau. — Toulouse, 1896, in-4°, xx-256 et 68 pages.

Toulouse. — Série AA (*Cartulaires, recueils divers, etc.,* art. 1 à 60), par E. Roschach. Tome I. — Toulouse, 1891, in-4°, [iv]-cxlviii-669 pages.

Gers. — *Vic-Fezensac.* — Inventaire, par M. de Rivière. — Auch, 1863, in-4°, 7 et 13 pages.

Gironde. — *Bordeaux.* — Période révolutionnaire (*Lois, décrets, délibérations du corps municipal*). Inventaire, par M. Ducaunnès-Duval. Tome I. — Bordeaux, 1896, in-4°, 463 pages.

Hérault. — *Saint-Pons.* — Inventaire, par M. Sahuc. — Montpellier, 1895, in-4°, iv-153 pages.

Ille-et-Vilaine. — *Saint-Malo.* — Inventaire, par MM. Pesseau, Havard et Harvut. — Saint-Malo, 1883, in-4°, viii-4, 7, 17, 4, 10, 6, 40, 3, 5, 15 pages.

Isère. — *Grenoble.* — Tome I. Séries AA et BB, par M. Prudhomme. — Grenoble, 1886, in-4°, xxiii-47, 221 pages.

Loir-et-Cher. — *Romorantin.* — Inventaire, par M. Bournon. — Blois, 1885, in-4°, vi-138 pages.

Loire-Inférieure. — *Nantes.* — Tome I. Séries AA, BB, CC et DD, par M. de La Nicollière-Teijeiro. — Nantes, 1888, in-4°, xxiii-399 pages.

Lot-et-Garonne. — *Agen.* — Inventaire, par MM. Bosvieux et Tholin (en appendice : *Catalogue d'une collection d'ouvrages de musique provenant du château des ducs d'Aiguillon*). — Paris, 1884, in-4°, x-24, 68, 91, 8, 14, 64, 43, 6, 14, 30, 5 et 85 pages.

Lozère. — *Mende.* — Inventaire, par M. Ferd. André. — Mende, 1885, in-4°, iv-3, 35, 71, 5, 7, 10, 26, 3, 7, 24, 6 et 2 pages.

Marne (Haute-). — *Langres.* — Inventaire, par M. Julien de La Boullaye. — Troyes, 1882, in-4°, xiv-238 pages.

Meuse. — *Verdun.* — Inventaire, par MM. Labande et Vernier. — Verdun, 1891, in-4°, lxxvi-311 pages.

Nièvre. — *Nevers.* — Inventaire par M. l'abbé Boutillier. — Nevers, 1876, in-4°, vii-2, 16, 137, 5, 5, 10, 48, 6, 1, 2, 7, 15 et 19 pages.

Nord. — *Armentières.* — Inventaire, par M. l'abbé Dehaisnes. — Lille, 1877, in-4°, vi-11, 6, 23, 11, 9, 19, 37, 5, 3 et 31 pages.

Bergues. — Inventaire, par M. l'abbé Dehaisnes. — Lille, 1878, in-4°, v-13, 12, 22, 20, 8, 25, 20, 3, 2, 2, 17, 8 pages.

Bouchain. — Inventaire, par M. l'abbé Dehaisnes. — Lille, 1882, in-4°, viii-2, 6, 10, 4, 3, 8, 8, 1, 1, 5, 2, 3, 2 pages.

Bourbourg. — Inventaire, par M. l'abbé Dehaisnes. — Lille, 1877, in-4°, v-20, 9, 24, 8, 6, 20, 9, 2, 2 et 18 pages.

Câteau-Cambrésis. — Inventaire, par M. Finot. — Lille, 1887, in-4°, xxxiv-83 pages.

Comines. — Inventaire, par M. Finot. — Lille, 1883, in-4°, ix-87 pages.

Condé-sur-l'Escaut. — Inventaire, par M. Hénault. — Lille, 1897, in-4°, xix-76 pages.

Douai. — Séries AA à EE, par M. Lepreux. — Lille, 1876, in-4°, 64 85, 175, 66, 24 pages.

Hazebrouck. — Inventaire, par M. Finot. — Lille, 1886, in-4°, xxvii-75 pages.

Hondschoote. — Inventaire, par M. l'abbé Dehaisnes. — Lille, 1876, in-4°, iv-8, 4, 14, 4, 3, 11, 4, 3 et 19 pages.

Houplines. — Inventaire, par MM. Finot et Vermaere. — Lille, 1891, in-4°, xlv-50 pages.

La Bassée. — Inventaire, par M. l'abbé Dehaisnes. — Lille, 1880, in-4°, v-3, 5, 32, 11, 5, 10, 14, 5, 2, 15 pages.

La Gorgue. — Inventaire [par M. de Cleene]. — Lille, 1885, in-4°, xvii-99 pages.

Linselles. — Inventaire, par M. Leuridan. — Lille, 1881, in-4°, xiii-11, 5, 31, 4, 4, 9, 18, 1, 3, 4, 3, 9 et 6 pages.

Merville. — Inventaire, par M. Finot. — Lille, 1893, in-4°, xlvii-81 pages.

Mortagne-du-Nord. — Inventaire, par MM. Finot et Vermaere. — Lille, 1896, in-4°, xxxviii-40 pages.

Roubaix. — Inventaire, par M. Leuridan. — Paris, 1866, in-4°, 12, 8, 14, 56, 6, 6, 6, 56, 24 et 6 pages.

Saint-Amand. — Inventaire, par MM. Finot et Vermaere. — Lille, 1894, in-4°, xlii-83 pages.

Seclin. — Inventaire, par M. Vermaere. — Lille, 1888, in-4°, xii-74 pages.

Wasquehal. — Inventaire, par M. Leuridan. — Lille, 1890, in-4°, xxiii-63 pages.

Wattignies. — Inventaire, par M. l'abbé Leuridan. — Lille, 1887, in-4°, vii-116 pages.

Oise. — *Beauvais.* — Inventaire, par M. Rose. — Beauvais, 1887, in-4°, vi-267 pages.

Pas-de-Calais. — *Béthune.* — Inventaire, par M. Travers. — Caen, 1878, in-4°, v-3, 11, 97, 4, 1, 16, 67, 3, 13 et 47 pages.

Boulogne-sur-Mer. — Inventaire, par M. l'abbé Haigneré et M. Deseille. — Boulogne, 1884, in-4°, x-538 pages

Puy-de-Dôme. — *Riom.* — Inventaire, par M. F. Boyer. — Riom, 1892, in-4°, xvi-194 pages.

Pyrénées-Orientales. — *Thuir.* — Inventaire, par M. Desplanque. — Perpignan, 1896, in-4°, xxxi-148 pages.

Rhône. — *Lyon.* — Tome I. Séries AA (160 art.) et BB (456 art.), par M. Rolle. — Paris, 1865, in-4°, xviii-52 et 325 pages.

Tome II. Série CC (art. 1 à 372), par M. Rolle. — Paris, 1875, in-4°, 281 pages.

Tome III. Série CC (art. 373 à 1466), par MM. C. Guigue, Vaësen et G. Guigue. — Lyon, 1887, in-4°, 406 pages.

Villefranche. — Inventaire, par M. Rolle. — Paris, 1865, in-4°, 2, 4, 3, 2, 3, 5 et 1 pages.

Saône-et-Loire. — *Chalon-sur-Saône.* — Inventaire, par M. Millot. — Chalon-sur-Saône, 1880, in-4°, xii-516 et 20 pages.

Givry. — Inventaire, par M. Lex. — Mâcon, 1891, in-4°, vii-215 pages

Mâcon. — Inventaire, par M. Michon. — Mâcon, 1878, in-4°, iii-4, 38, 48, 14, 26, 23, 105, 9, 5, 7, 31, 6 pages.

Seine-Inférieure. — *Rouen.* — Série A (*Délibérations du Conseil de ville*, art. 1 à 55), par M. de Robillard de Beaurepaire. — Rouen, 1887, in-4°, ii-455 pages.

Sèvres (Deux-). — *Saint-Maixent.* — Inventaire, par M. A. Richard. — Paris, 1863, in-4°, ii-1, 3, 2, 2, 1, 2, 5, 1 et 1 pages.

Somme. — *Amiens.* — Tome I. Série AA (140 art.), par M. Durand. — Amiens, 1891, in-4°, v-357 pages.

Tome II. Série BB (*Délibérations de l'échevinage*, art. 1 à 38), par M. Durand. — Amiens, 1894, in-4°, ii-517 pages.

Tome III. Série BB (art. 39 à 323), par M. Durand. — Amiens, 1897, in-4°, 537 pages.

Crécy-en-Ponthieu. — Inventaire, par M. Durand. — Amiens, 1888, in-4°, viii-39 pages.

Tarn. — *Albi.* — Inventaire, par M. Jolibois. — Paris, 1869, in-4°, lxii-16, 42, 135, 10, 22, 40, 20, 7, 16, 42 pages.

Castres. — Inventaire, par M. Estadieu. — Castres, 1881, in-4°, vii-7, 35, 17, 5, 1, 4, 29, 4, 11, 3, 4, 3 et 23 pages.

Gaillac. — Inventaire, par M. Jolibois. — Albi, 1873, in-4°, xi-2, 7, 4, 1, 1, 3, 9, 2, 1, 4 et 7 pages.

Tarn-et-Garonne. — *Verdun-sur-Garonne.* — Inventaire, par M. Devals. — Montauban, 1875, in-4°, 1-7, 25, 14, 6, 1, 3, 81, 1, 1, 6, 9 pages.

Var. — *Ollières.* — Inventaire, par M. Paix. — Draguignan, 1889, in-4°, 51 pages.

Toulon. — Inventaire, par M. O. Teissier. — Toulon, 1867, in-4°, xv-580 pages.

Vidauban. — Inventaire, par M. Magnaud. — Draguignan, 1890, in-4°, xi-143 pages.

Vienne. — *Châtellerault.* — Inventaire, par M. de Saint-Genis. — Châtellerault, 1877, in-4°, xxvii-66 pages.

Civray. — Inventaire des archives de la ville et de la sénéchaussée, par M. Bricault de Verneuil. — Poitiers, 1889, in-4°, vii-131 pages.

Loudun. — Inventaire, par M. Chauvineau. — Loudun, 1869, in-4°, ii-5, 16, 13, 4, 4, 6, 31, 2 et 1 pages.

Vienne (Haute-). — *Limoges.* — Inventaire, par M. Thomas. — Limoges, 1882, in-4°, xvi-5, 4, 7, 3, 2, 2, 67, 2, 2, 23, 29 et 3 pages.

Vosges. — *Charmes.* — Inventaire, par M. Duhamel. — Épinal, 1868, in-4°, iii-23, 35, 4, 4, 4, 7, 1 et 13 pages.

Épinal. — Tome II. Série CC, par M. Ferry. — Épinal, 1887, in-4°, 379 pages.

La Bresse. — Inventaire, par M. Duhamel. — Épinal, 1870, in-4°, iii-8, 1, 5, 5, 1, 17, 10, 2, 1, 13 pages.

Rambervillers. — Inventaire, par M. Henriot. — Épinal, 1869, in-4°, iii-3, 12, 70, 4, 2, 7, 3, 2, 1, 4, 8, 15 pages.

Yonne. — *Avallon.* — Inventaire, par M. Prot. — Avallon, 1882, in-4°, viii-480 pages.

Sens. — Inventaire, par M. Quantin. — Sens, 1870, in-4°, iii-2, 4, 17, 5, 1, 21, 4, 3, 4 et 7 pages.

On trouve, en outre, sous la rubrique E supplément, des catalogues d'Archives communales dans les volumes suivants de l'inventaire sommaire des Archives départementales :

Charente-Inférieure, C à H; E supplément, tomes I et II;

Corrèze, E supplément;

Drôme, tomes III, IV et V;

Eure-et-Loir, tomes III, IV et V;

Gard, E supplément;

Landes, A à H;

Loir-et-Cher, C à E supplément;

Loire-Inférieure, E supplément;

Lot-et-Garonne, A à H;

Maine-et-Loire, E et E supplément, tome

Meurthe-et-Moselle, E supplément;

Morbihan, tomes IV et V;

Pyrénées (Basses-), tome V;

Saône-et-Loire, E supplément;

Sarthe, tome I;

Seine-et-Marne, tomes I et IV;

Tarn, tome III;

Var, E supplément;

Vienne (Haute-), E supplément;

Vosges, E supplément;

Yonne, tome I.

III. — ARCHIVES HOSPITALIÈRES.

CADRE DE CLASSEMENT.

A. Actes de fondation de l'établissement.
B. Titres de propriété : donations, échanges, acquisitions.
C. Matières ecclésiastiques en général.
D. Inventaires généraux et partiels.
E. Administration de l'établissement.
F. Registres d'entrée et de sortie des personnes admises dans l'établissement.
G. Papiers et registres des institutions succursales de l'établissement.
H. Papiers et correspondances diverses ne rentrant pas dans les séries précédentes.

Ain. — *Bourg.* — Inventaire, par M. Brossard. — Bourg, 1893, in-4°, 61 pages.

Aisne. — *Marle.* — Inventaire, par M. Matton. — Laon, 1889, in-4°, 1, 5, 1, 1, 1, 5, 1 pages.

Soissons. — Inventaire, par M. Matton. — Laon, 1874, in-4°, 235 et 36 pages.

Ardennes. — *Mézières.* — Inventaire, par M. Laurent. — Charleville, 1891, in-4°, x-76 pages [1].

Bouches-du-Rhône. — *Marseille.* — Inventaire, [par M. Ferd. André]. — Marseille, 1872, in-4°, 11-285 pages.

Drôme. — *Romans.* — Inventaire, par M. Lacroix. — Valence, 1894, in-4°, vii-137 pages.

[1] Les archives hospitalières de Charleville ont été inventoriées dans un même volume avec les archives communales de la ville. Voir ci-devant : Archives communales.

Eure-et-Loir. — *Chartres.* — Inventaire, par M. L. Merlet. — Chartres, 1890, xix-224 pages.

Châteaudun. — Inventaire par M. L. Merlet. — Châteaudun, 1867, in-4°, [iv]-xxxii-24, 65, 5, 1, 45, 6, 2, 2, 2, 8, 7 pages.

Nogent-le-Rotrou. — Inventaire, par M. Proust. — Nogent-le-Rotrou 1869, in-4°, ii-225 pages.

Gers. — *Condom.* — Inventaire, par M. Gardère. — Auch, 1883, in-4°, xlviii-3, 3, 2, 24, 4, 1, 45, 5, 14, 2, 17, 1, 8, 2, 16, 6, 11, 5 pages.

Lombez. — Inventaire, par M. Marseilhan. — Auch, 1878, in-4°, vi-1, 7, 1, 4, 2, 1, 1, 7 pages.

Gironde. — *Bordeaux.* — Inventaire, par M. Hervieux. — Paris, 1885, in-4°.

Isère. — *Grenoble.* — Inventaire par M. Prudhomme. — Grenoble, 1892, in-4°, xxx-436 pages.

Maine-et-Loire. — *Angers.* — Hôtel-Dieu. — Inventaire, par M. Port. — Angers, 1870, in-4°.

Meuse. — *Verdun.* — Inventaire, par M. Labande. — Verdun, 1894, in-4°, xcviii-300 pages.

Nièvre. — *Nevers.* — Inventaire, par M. l'abbé Boutillier. — Nevers, 1877, in-4°, xv-21, 1, 2, 5, 2, 1, 2, 1, 3, 1, 1, 12 pages.

Nord. — *Comines.* — Inventaire, par M. Finot. — Lille, 1884, in-4°, xix-53 pages.

Lille. — Hôpital Notre-Dame, dit Hôpital Comtesse. — Inventaire. Table de concordance avec le classement prescrit par les instructions ministérielles. — Lille, 1871, in-4°, 466 pages.

Tome II. — Autres hôpitaux. — Tables des matières, des noms de lieux et de personnes. — Lille, 1897, in-4°, 556 pages.

Seclin. — Inventaire, par MM. Finot et Vermaere. — Lille, 1892, in-4°, xxv-62 pages.

Puy-de-Dôme. — *Clermont-Ferrand.* — Inventaire, par M. Guilmoto. — Clermont-Ferrand, 1887, in-4°, 50, 10, 84, 15, 14, 8, 62 pages.

Rhône. — *Lyon.* — La Charité ou Aumône générale. Tome I. Séries A (20 art.) et B (art. 1 à 281), par MM. Steyert et Rolle. — Lyon, 1874, in-4°, xii-31, 397 pages.

Tome II. — Séries B (art. 282 à 409), C (53 art.), D (36 art.) et E (art. 1 à 28), par M. Rolle. — Lyon, 1875, in-4°, 232, 75, 24, 111 pages.

Tome III. — Série E (art. 29 à 264), par M. Rolle. — Lyon, 1876, in-4°, 439 pages.

Tome IV. — Séries E (art. 265 à 1559), F (38 art.), G (348 art.) et H (40 art.), par M. Rolle. — Lyon, 1880, in-4°, 336, 31, 176, 18 pages.

Villefranche. — Inventaire, par M. Rolle. — Paris, 1865, in-4°, v-33 pages.

Saône-et-Loire. — *Tournus.* — Inventaire, par M. Bénet. — Mâcon, 1887, in-4°, xvi-188 pages.

Seine. — *Paris.* — Tome I. — Hôtel-Dieu. Inventaire (art. 1 à 5236), par M. Tournier. — Paris, 1866. — (Réimprimé en 1882), in-4°, xxxviii-411 pages.

Tome II. — Hôtel-Dieu. Inventaire (art. 5287 à 6969), par M. Brièle. — Paris, 1869. — (Réimprimé en 1884), in-4°, 1-343 pages.

Tome III. — Hôpital Saint-Jacques-aux-Pèlerins (2333 art.); hôpital Saint-Esprit-en-Grève (455 art.); hôpital de la Trinité (350 art.); hôpital des Enfants-Rouges (503 art.); hôpital des Enfants-Trouvés (155 art.), hôpital Saint-Anastase, dit de Saint-Gervais (76 art.). Inventaire par M. Brièle. — Paris, 1870. — (Réimprimé en 1886), in-4°, 372 pages.

Tome IV. — Hôpital Sainte-Catherine, Hôpital-Général (Salpêtrière), Incurables. — Hôtel-Dieu (supplément), par M. Brièle. — Paris, 1889, in-4°, lii-366 pages.

Quinze-Vingts. — Inventaire, par M. Marot. — Paris, 1867, in-4°, vii-394 pages.

Vienne (Haute-). — *Limoges, Bellac, Le Dorat, Magnac-Laval et Saint-Yrieix.* — Inventaire, par M. Leroux. — Limoges, 1884, in-4°, xxxviii-5, 130, 7, 24 pages.

On trouve en outre, sous la rubrique H supplément, des catalogues d'Archives hospitalières dans les volumes suivants de l'inventaire sommaire des Archives départementales :

Alpes-Maritimes, H supplément ;

Calvados, H supplément ;

Charente-Inférieure, H supplément ;

Pyrénées (Basses-), tome VI ;

Seine-et-Marne, tome II ;

Vienne (Haute-), H supplément.

VOLUMES EN COURS D'IMPRESSION
au 31 décembre 1897.

ARCHIVES DÉPARTEMENTALES.

Ain. — A-B, feuilles 1-32.

Aisne. — E supplément, f. 1-33.

Allier. — C-D-E, f. 1-31.
     E supplément, f. 1-5.

Alpes (Basses-). — B, tome II, f. 1-30.

Alpes (Hautes-). — G, tome IV, f. 1-19.
     H supplément, f. 1-28.

ALPES-MARITIMES. — A-B, f. 1-17.
  G, f. 1-12.

ARDÈCHE. — G, f. 1-9.

ARDENNES. — C-D-E, f. 1-39.
  E supplément, f. 1-28.
  H supplément, f. 1-9.

AUDE. — G-H, tome I, f. 1-38.

AVEYRON. — G, tome I, f. 1-42.

BOUCHES-DU-RHÔNE. — C, tome III, f. 1-4.

CALVADOS. — C, tome IV, f. 1-32.
  E supplément, f. 1-64.
  F, f. 1-II et 1-55.
  H, f. 1-6.
  H supplément, tome II, f. 1-9.

CANTAL. — E, f. 1-23.

CHARENTE. — E, tome IV, f. 1-4.

CHARENTE-INFÉRIEURE. — A-B, tome I, f. 1-26.

CHER. — Tome IV, E, f. 1-12.

CORRÈZE. — H supplément, f. 1-4.

CORSE. — A-B, tome I, f. 1-13.
  C, tome I, f. 1-15.

CÔTE-D'OR. — D-E, f. 1-73.

CÔTES-DU-NORD. — E, tome II, f. 1-39.

CREUSE. — E supplément, f. 1-4.
  H, f. 1-20.
  H supplément, f. 1-14.

DORDOGNE. — Tome II, B, f. 1-58.

DOUBS. — E supplément, f. 1-2.
  G, f. 1-7.

EURE. — C-D-E, f. 1-49.

EURE-ET-LOIR. — H, f. 1-38.

FINISTÈRE. — Tome II, B, f. 1-12.
  Tome III, B, f. 1-2.

GARD. — E, tome II, f. 1-35.

GARONNE (HAUTE-). — B, tome I (refait), 1-48.
  C, tome II, f. 1-90.
  H, f. 1-2.

GERS. — B, tome I, f. 1-31.
  E, f. 1-13.
  G-H, f. 1-7.

GIRONDE. — G, tome II, f. 1-33.
  E supplément, f. 1-37.

ILLE-ET-VILAINE. — C, tome III, f. 1-10.

Pyrénées (Basses-). — Tome VII, tables générales de l'inventaire, f. 1-10.

Pyrénées (Hautes-). — Tome II, B, f. 1-12.

Pyrénées-Orientales. — G, f. 1-41.

Rhône. — Tome II, E, f. 1-28.
 H, tome II, f. 1-2.

Saône (Haute-). — Tome V, G-H, f. 1-37.

Saône-et-Loire. — Tome IV, suppléments aux séries A, D et E, f. 1-9.
 Tome V, G, f. 1-26.
 Tome VII, F, f. 1-9.

Sarthe. — Tome VI, B (supplément), f. 1-11.
 Tome VII, L, f. 1-29.

Savoie (Haute-). — Tome I, A-B, f. 1-5.
 Tome II, E, f. 1-9.

Seine-Inférieure. — G, tome VII, f. 1-16.

Seine-et-Oise. — Tome I, A-B, f. 1-26.

Sèvres (Deux-). — L, f. 1-24.

Somme. — Tome V, G, f. 1-8.

Tarn. — Tome IV, G, f. 1-6.
 Tome V, L, f. 1-9.

Tarn-et-Garonne. — A, f. 1.

Var. — E, tome I, f. 1-55.
 E, tome II, f. 1-12.

Vaucluse. — C-D, f. 1-53.
 G, f. 1-23.

Vendée. — Tome I, A-B, f. 1-60.

Vienne. — G, tome II, f. 1-12

Vienne (Haute-). — G, f. 1-24.

Vosges. — G, tome III, f. 1-3.

Yonne. — Tome IV, H et H supplément, f. 1-31.

ARCHIVES COMMUNALES.

Allier. — *Vichy* (ville et hospice), f. 1-17.

Ardèche. — *Largentière*, f. 1-9.

Corrèze. — *Tulle*, f. 1-11.

Côte-d'Or. — *Dijon*, tome IV, f. 1-42.

Gers. — *Auch*, f. 1-2.
 Condom, f. 1-5.

Hérault. — *Pézenas*, f. 1-10.

Isère. — *Grenoble*, tome II, f. 1-57.

Loire-Inférieure. — *Nantes*, tome II, f. 1-46.

Loiret. — *Orléans*, tome I, f. 1-32.

Marne. — *Châlons*, tome I, f. 1-41.

Mayenne. — *Château-Gontier*, f. 1-11.
  Mayenne, f. 1-2.

Nord. — *Cambrai*, tome I, f. 1-6.
  Douai, tome I, f. 1-53.

Puy-de-Dôme. — *Clermont-Ferrand*, f. 1-32.
  Thiers, f. 1-5.

Pyrénées (Basses-). — *Bayonne*, f. 1-77.

Rhône. — *Lyon*, tome IV, f. 1-3.

Saône-et-Loire. — *Autun*, f. 1-2.

Somme. — *Amiens*, tome IV, f. 1-8.

Tarn. — *Cordes*, f. 1-31.

Var. — *Bandol*, f. 1-20.
  Châteaudouble, f. 1-3.
  Collobrières, f. 1-8.
  Mons, f. 1-11.
  Saint-Tropez, f. 1-11.

Vaucluse. — *Avignon*, tome I, f. 1-14.
  Orange, f. 1-11.

Vosges. — *Épinal*, AA, f. 1-16.
           BB-DD-EE, f. 1-47.

ARCHIVES HOSPITALIÈRES.

Allier. — *Vichy*, voir ci-dessus : *Archives communales*.

Hérault. — *Montpellier*, f. 1-2.

Pas-de-Calais. — *Béthune*, f. 1-10.
  Saint-Omer, f. 1-23.

———

21. Ministère de l'intérieur. — Musée des archives départementales, recueil de fac-similés héliographiques de documents tirés des archives des préfectures, mairies et hospices. Paris, 1878, atlas gr. in-fol., [iv-]4 pages, 60 planches, et texte in-4°, lxi-489 pages.

22. Lois, instructions et règlements relatifs aux Archives départementales, communales et hospitalières, publiés sous les auspices du Ministère de l'instruction publique et des beaux-arts, [par G. Desjardins]. Paris, 1884, in-8°, 211 pages.

23. TABLEAU GÉNÉRAL numérique par fonds des Archives départementales antérieures à 1790, publié par la Commission des archives départementales et communales. Paris, 1848, in-4°, [IV-]253 pages.

24. Catalogue général des CARTULAIRES des Archives départementales, publié par la Commission des archives départementales et communales. Paris, 1847, in-4°, VIII-285 pages.

25. Ministère de l'instruction publique et des beaux-arts. — Catalogue des MANUSCRITS conservés dans les dépôts d'Archives départementales, communales et hospitalières, [par divers]. Paris, 1886, in-8°, II-467 pages.

1,763 numéros.

INDEX ALPHABÉTIQUE

DES PRINCIPALES MATIÈRES.

TABLE DES MATIÈRES.